ミャンマーに学ぶ 海外ビジネス 40のルール

善人過ぎず、
したたかに、
そして誠実に

深山 沙衣子
日本ミャンマー支援機構
日本人アドバイザー

合同フォレスト

はじめに

海外ビジネスの第一歩・相手の裏側を知る姿勢

この本を手に取ったあなたは、海外ビジネスに興味をお持ちなのでしょう。すでに海外ビジネスの経験を積んでいる人もいれば、これからはじめる人もいるでしょう。その中には、会社や組織からの指示で海外に赴く人もいれば、自らの意思で海外に赴く人もいるはずです。

そんなみなさんに質問です。

「海外ビジネスをするうえで、何が一番不安ですか？」

言葉、食事、住まい、物価、治安、生活習慣など、身近な問題を思い浮かべましたか？　ある程度の土地勘や言語能力を持っていれば、こうした不安は軽減されるでしょう。
では、海外ビジネスと聞いて、みなさんはどの国や地域を想像しますか？　アメリカやイギリス、フランス、ドイツなどの経済先進国ですか？　それとも、低コストでの生産ラインを確保することを見越して、東南アジアなどの発展途上国を想像しますか？

すでに目的地が決まっている人は、その国や人、文化について、どれだけのことを理解していますか？
もっと局所的な質問をしてみましょう。もしもミャンマーで仕事をすることになったら、ミャンマーでの仕事や生活について、どのようなことを考えますか？

ひょっとしたら、ミャンマーの位置を地図で確かめるところからはじまる人もいるかもしれませんね。公用語は何だろう、英語は通じるだろうかなど、仕事のことよりも先に、生活に直結したことが気にかかる人も多いでしょう。

なぜ、ここでミャンマーという国を持ち出したのかと言いますと、私自身がミャンマーと日本でビジネスを行っているということと、ミャンマーは近年経済的な発展をしていく可能性を秘めている国であることから、日本企業や他の国の企業から注目を集めているからです。

ミャンマーは多数の民族が暮らしている国で、ミャンマーという国が成り立つまでの間に、様々な政権が生まれては、交代を繰り返してきました。そうした複雑な歴史は、今なおミャンマー人の生活習慣や経済、ビジネスの仕方に色濃く影響しています。正直申し上げますと、「日本流ビジネス」がすんなりと通用する、付き合いやすいビジネス環境ではありません。

ミャンマー人特有のプライドがあったり、お金の流通量が日本とは異なるため、支払い期限についての考え方がゆったりしているなど、言葉以上のカルチャーショックを受けることが多々あるのです。

ミャンマー流ビジネスを知らない日本人は、短絡的に「ルーズ」だという第一印象を抱くことがあるかもしれませんが、そうとも言い切れません。ミャンマーという国や人、歴史や文化的背景を理解すれば、ミャンマー流ビジネスの由縁も理解できます。

ミャンマーにこだわらずとも、まだ一度も足を踏み入れていない国の人や、文化について、理解できていると言えるほどのことを知り得ることは困難かもしれません。でも、これから「理解しよう」という心構えがあるのとないのでは、必ずや大きな差が生じます。

私たち日本人にとって、海外ビジネスにおけるパートナーは、「外国人」であることが多いです。先ほどから挙げているように、言葉も文化も、日本とは異なる部分が多数あります。そうした環境でビジネスを行うとき、日本人は必ずと言っていいほど、違和感を抱く瞬間があります。

「日本人のように時間や期日を守らない」
「いつまでたっても連絡をしてこない」
「なかなか信頼関係を築けない、職場環境にハリがでない」

……などなど、日本では当たり前のことが、当たり前ではないことがあります。小さなフラストレーションが積み重なり、「この国はビジネス環境として不適合だ」など、尚早で不適切な判断を下してしまう人や企業が、現在までに数多くあったことでしょう。これは、せっかくのビジネスチャンスを、自ら潰すことになってしまいます。

海外ビジネスでのトラブルや不安は、必ずしもパートナーのせいではありません。なぜなら、海外のビジネスパートナーからみれば、私たち日本人こそ「外国人」なのですから。

いくら日本企業の出資による海外拠点であっても、現地の人々と関わる以上、現地の人々の慣習や仕事の仕方を無視することはできません。

もちろん仕事をするうえで、日本流ビジネスとうまくすり合わせなければならない場面もでてきますが、接するのは「人」です。そこには絶対、心があります。決まりだからと、頭ごなしに従わせるのはナンセンスですよね。

働く理由も、日本とは違う国がたくさんあります。やりたい職種だからと、あなたの企業に応募してくるとは限りません。ささいなことで相手のプライドを傷つけてしまい、翌日から出社してこなくなるなんてことも、実際にあります。

何だか面倒だなと思ったかもしれませんが、それはお互い様です。生まれ育った環境が180度違えば、働き方や、その国のビジネスマナーも異なっていて当然なのです。大切なのは、どちらか一方が相手に100パーセント合わせることではなく、まずは私たちが相手を理解することです。そうすれば、うっかり「騙される」ことも防げます。

私はミャンマーで仕事をしているなかで、日本では考えられないトラブルに見舞われたことがあります。でも、とんでもないとクレームを入れたりするのは日本人の感覚で、ミャンマー人にとっては受け入れがたいことでも、受け入れて生きていかざるを得ないと、じっと我慢していることもあります。なぜ、そうした感覚や行動の違いが起こり得るかは、相手の国や文化、人々の生活環境を知れば、おのずと見えてきます。すると、お互いにとっての「ベスト」を見出し、共存していく道も拓けるでしょう。海外ビジネスで成功するには、経営戦略も欠かせませんが、「人」との関わり方が重要なのです。

ところが、日本人がいつでも「善人」でいることが正解とは言えず、ときにはしたたかさを持って、堂々と立ちふるまう必要性もあります。このさじ加減が難しいのですが、今回は、私の実体験をもとに執筆をしてまいります。

ぜひ、海外ビジネスのヒントとして、この本に書いてあることがみなさまの頭の片隅に記憶されると幸いです。

深山沙衣子

２０１６年３月

第3部 海外ビジネスで成功を得るために「知るべき」現状

第1章 ミャンマーの歩みと歴史

第1部

日本人の想像を超える異文化地域とのビジネスの現状

ミャンマー仏教遺跡バガンのシュエズィーゴンパヤー。
〈撮影：著者〉

第１章 日本人の親切心が、相手に響かないとき

1 研修生は難民への「パスポート」

日本人学生が企業に就職を希望する場合、やりたい職種のほかに、どのような条件で企業選択をしているかご存じでしょうか。「２０１６年卒マイナビ大学生就職意識調査」によると、「安定している会社」が26・３パーセント、以下、やりがいや社風とともに、「福利厚生の良い会社」と回答した学生が12・４パーセントにのぼったそうです。

「福利厚生の良い会社」の項目として、住宅手当や家族手当のほかに、従業員向け

保養施設の充実や、レジャー施設との提携が挙げられていました。とりわけ提携レジャー施設として人気なのは、東京ディズニーリゾートなのです。

1983年の開園以来、「夢と魔法の国」として人気を誇る、東京ディズニーリゾート。東京ディズニーランドと、後から開園した東京ディズニーシーは、学生の修学旅行先としても有名で、子どもからおとなまで、熱狂的なファンが尽きません。老若男女、国籍を問わず楽しめる東京ディズニーリゾートですが、日本で働くあるミャンマー人にとっては、そこまでありがたい場所ではないようです。

農業系の日本法人で、ミャンマーから技能実習生、いわゆる研修生を受け入れたときのエピソードを紹介しましょう。

法人職員は、よかれと思い、東京ディズニーランドの観光プランを組みました。日本人であれば喜んで満喫したでしょう。しかし、ミャンマー人研修生たちは、素直に喜べなかったようです。その理由は数日後、ミャンマー人研修生たちが突然「転職」したことで判明します。

ごく普通の経営者は、「なぜだ」と首をひねることでしょう。せっかく、日本にやってきた研修生たちに楽しんでもらおうとしたのに、喜ぶどころか逃げてしまったのですから。

しかし、ミャンマー人を夫に持つ私からすれば、何も不思議なことではありません。彼らが日本にやってきたのは、「稼ぐ」ためです。自国のミャンマーで十分な収入を得ることができないから、遠い日本にやってきました。東京ディズニーランドで遊ぶことより、１円でも多く稼ぎ、ミャンマーの家族に送金するほうが重要なのです。

日本の経営者の粋な計らいを、日本人は嬉しく感じる人が多いと思いますが、今よりも勤務日数が増えても稼ぎたいと思っているミャンマー人研修生には、ディズニーランドでの「リフレッシュ」と「労働」の選択肢を与えられた場合、多くの研修生が「労働」を選ぶでしょう。

今回のケースは、日本法人側の好意よりも、今よりも稼ぐこと、つまり転職を優先したわけです。逃げた研修生に罪悪感がないわけではありません。心を痛めてでも、稼がねばならない理由があり、より稼げる会社に移りたいだけです。

日本と海外では物価や賃金が違います。生まれ育った国が違えば、生活水準が異なります。生活水準が異なれば、就学率にも差が出てくるため、学びたくても日常生活を送るのが精一杯で、学費の捻出まで至らない人が世界にはたくさんいます。

特に健康な若者は重要な「労働力」となり、いち早く働き手として社会に出なければなりません。こうなると、学業どころではありません。そうした国が多いのが、現状です。

経済の停滞が続く現状を打破すべく、何とか渡航費を捻出して日本にやってくる外国人労働者がいます。その入り口として、3年間の技能実習生制度を利用して来日してくる、いわゆる「研修生」が存在します。動機はそれぞれですが、研修生の根底にある願いは自分が豊かになることに加え、自国や、自国で待つ家族のために稼ぐことです。

しかし、研修生として日本に滞在できるのは原則3年間。そこで、長期滞在し、比較的高収入を狙える都心部で働くために、研修先から逃げて難民申請をして3年の期限を延長しようとする人がいることも事実です。

日本では難民申請をしても、認定までに厳しい審査があるため、難民として迎え入れられることは容易ではありません。それでも、難民申請後半年の就労許可を得れば、国外追放を免れます。

２０１５年秋に法務省入国管理局は、明らかに難民でない人が同じ難民申請を繰り返した場合、複数回の申請で就労を認めない基本計画を策定しました。しかし、難民申請から認定決定まで、２年以上はかかります。この数年間を稼ぐ時期と考えると、この制度を利用し、何度も難民申請を繰り返す「元研修生」の存在もあながち理解不能なものではありません。

難民申請の仕組みや研修制度についての賛否はそれぞれあるでしょう。しかし、外国人労働者だけが悪いわけではありません。治安維持の問題から、外国人労働者の受け入れに後ろ向きな姿勢を示す、日本政府の建前と本音も無視できないのです。高齢化が進む事業や、労働者の確保が難しい３Ｋ労働の担い手として、研修生などの外国人労働者に頼らなければならないのが本音ではないでしょうか。日本側も国として、外国人労働者を受け入れる制度を整える課題が残されています。

ミャンマー人だけでなく、外国人労働者と交流しながら経済発展を目指すには、このような現実問題も知っておかなければなりません。そして、外国人を喜ばせたいと思ったなら、外国人それぞれの国民性を理解しなければなりません。彼らが何のために日本で働くのかを理解すれば、どうすれば彼らに喜んでもらえるのか、答えが出しやすくなるでしょう。

参照：新卒採用人事担当者のための採用支援サイトマイナビ採用サポネット「２０１６年卒マイナビ大学生就職意識調査」（http://saponet.mynavi.jp/enq_gakusei/ishiki/）

2 病院に行きたがらないミャンマー人労働者、診断書がほしい経営者

私たち日本人は、衛生面については世界トップレベルの自意識を持っています。日本では幼い頃から毎日の入浴を習慣とし、医療技術の発達のおかげで予防接種の補助制度もある程度充実しています。行政が乳幼児の医療費を負担していることもあり、

子どもの体調不良を感じたら病院に連れて行くことに何の抵抗も感じないでしょう。保育園や学校では、登園・登校の停止を推奨する「感染症」がいくつも指定されています。毎年流行期になると、厚生労働省などによって予防法が通達されます。強い感染力を有する病気が蔓延したらたまったものじゃありません。万一感染した場合は、一定期間自宅療養をすることを当然のこととして受け入れます。

何より、自身の体調が悪ければ、「休もう」と思うのが一般的でしょう。無理に出社して作業効率が悪くなれば、サボっているような評価をされるかもしれない。ならば、素直に「具合が悪いから休みます」と言ってしまうほうがよいと、大方の人が休むほうを選択します。

実際問題、インフルエンザの診断がくだっているならば、ほかの人への感染が心配されます。お願いだから帰ってくれと思うのは冷たいかもしれませんが、それが多くの日本人の感覚ではないでしょうか。

しかし、ミャンマー人と仕事をするなら、この感覚が万国共通だと思わないほうがいいでしょう。実際に感覚の違いから発生したトラブルを、ご紹介しましょう。

ミャンマー人の就職希望者トゥンを、とある70代の日本人企業経営者に引き合わせたときのことです。トゥンは、ボランティアの日本語教育プログラムを受講していて、ある程度のレベルの日本語を習得していました。ＪＬＰＴという外国人向け日本語能力試験では、５段階のうちＮ３の判定を得ています。

ＪＬＰＴの判定目安は次のとおりです。

Ｎ１：幅広い場面で使われる日本語を理解することができる。

（例：新聞の論説など論理的文章を読んで理解できる）

Ｎ２：日常的な場面で使われる日本語の理解に加え、より幅広い場面で使われる日本語をある程度理解することができる。

（例：新聞や雑誌の記事・解説、平易な評論文章を読んで理解できる）

Ｎ３：日常的な場面で使われる日本語をある程度理解することができる。

（例：新聞の見出しなどから情報の概要をつかむことができる）

Ｎ４：基本的な日本語を理解することができる。
（例：基本的な漢字を使って書かれた身近な話題の文章を、読んで理解することができる）
Ｎ５：基本的な日本語をある程度理解することができる。
（例：ひらがなやカタカナ、簡単な漢字で書かれた文章を読んで理解することができる）

トゥンは就職前から日本人とのコミュニケーションで困ることは、そうそうありませんでした。就職後は若さとやる気を生かし、日本語もみるみる上達させ、仕事ぶりも真面目そのもの。雇い主である経営者は、トゥンを高く評価します。トゥンも、経営者をミャンマー語で年配男性を意味する「ワジ」と呼び、親しみを感じていました。

そんなある日、トゥンは昼食後に激しい腹痛と嘔吐に見舞われます。ワジも仲間の従業員も、季節的に流行していた「ノロウイルス」を疑い、病院に行くように促しましたが、トゥンは頑なに受診を拒否しました。

ワジはトゥンの症状が治まった後も、「もしもノロウイルスに感染しているのなら、ほかの従業員に感染が拡がるのを防ぎたい。診断書を出してもらい、継続治療が必要ならばするべきだ」と主張するものの、トゥンは一向に首を縦に振りません。

さすがに業を煮やしたワジは、私に「何とか病院に行くよう説得してくれ」と助けを求めてきました。ワジが言うことはもっともで、私はトゥンと同じミャンマー出身の知人に、横浜にある外国人診療に熱心な病院に連れて行くよう依頼しました。最後まで渋り続けるトゥンを、何とか諌《いさ》めて受診させた結果、ノロウイルスではないことが判明して一件落着しましたが、問題の本質はトゥンのガンコさにあったわけではありません。

医師に病状を説明することくらい容易なはずのトゥンが、なぜ頑なに受診を拒んだのか。その理由を、私たちはミャンマー人とビジネスをするうえで理解しておくべきです。

トゥンが受診を拒んだ理由は、ずばり「お金」です。トゥンは日本で生活する最低限のお金以外を、母国ミャンマーに住む家族に毎月仕送りしています。いくら医療費が補助されているとはいえ、「症状が治まった」のに医療費をかける日本人の感覚が、トゥンにはわからなかったのです。

実際にミャンマーの人々の生活をみれば、トゥンの主張はよく理解できます。ミャンマーでは重症だと認識しない限り、自宅で治そうとする風潮があるのです。その間、周囲の人がきちんと看病をします。世界中の国や人が、医療に恵まれているわけでも、経済的にゆとりがあるわけでもありません。はるばる海を渡り稼ぎに来ているミャンマー人の中には、「家族」のために稼ぎたいという強い気持ちを持った人が大勢います。ちょっとした体調不良で休んでいる暇はないのです。その気持ちは痛いほどよくわかります。

同時に、受診を強く勧めたワジの考えもよくわかります。従業員の健康を守るために、強く言うほかなかったのでしょう。このトラブルのどこにも、悪意は存在しません。ただ、日本人とミャンマー人の、病気に対する感覚が絶対的に違ったのです。トゥンには、日本での病気に対する考え方を教えました。

このような、ちょっとしたすれ違いなどが原因で、容易に外国人労働者を解雇する企業もあります。しかし、お互いが生まれ育ってきた背景を知れば、双方の主張をすり合わせて、うまく共存できるのではないでしょうか。

3

旅行スケジュールは当日キャンセルのオンパレード

　昨今、日本は外国人観光客の呼び込みで景気底上げを図ろうとしています。外国人観光客の爆買いがクローズアップされていますが、こうした観光立国に向けた企画がたくさんあるのです。外国人向け観光ビジネスを、旅行会社などは「インバウンド」と呼び、日本のよいところを発掘して、観光を楽しんでもらおうと様々なキャンペーンを行っています。

　日本の外国人に対する政策は、「短期間で来てくれて、お金を落としてくれるなら大歓迎。ただし、高度な技術がないのにそのまま居座られるのは歓迎しない」というもの。そのため、ものを買い、飲み食いなどでお金を落としてくれる「外国人観光客」の増加は国にとっても関連企業にとってもおいしいのです。

　ところがこのインバウンドビジネス、外国人観光客の対応をするときは、日本人観光客の対応ほどスムーズにいきません。行き当たりばったりの対応を求められることがあるのです。

ミャンマー人の観光客に限って言えば、富裕層のミャンマー人観光客の多くがノープランで来日します。日本に来てから、「明日は東京観光の予定だけど、じつは箱根に行きたい」「旅程に入っていないけど、今から辛い料理を食べに行きたい。いいレストランを探して」などなど、直前になってからスケジュール変更の依頼をしてきます。旅行会社が綿密に立てたスケジュールをその都度組み直すという事態になりかねないのです。

ミャンマー人がスケジュール変更を言い出しても、彼らの頭の中には受入先の大変な迷惑やキャンセル料の発生という発想が浮かばないのです。ミャンマーでは、プランを立てて計画的に行動する習慣があまりないので、日本に来ても同じふるまいをします。なぜ、長期プランを立てないのかと言うと、ミャンマーでは政治体制やビジネス環境が翌日には急変することがあり、長期プランに沿って生きるより、その場の対応を重視したほうがうまくいく場面が多々あるからです。

この「ノープラン行動」に、計画好きな日本人がついていくのは至難の業です。なかには、こうした外国人観光客の習性を熟知しているのか、「お客様の詳しい好みがわからないから、来日してから旅程を立てよう。来日する日と、おおまかな訪問都市だけは決めておこう」と、ざっくりとしたスケジュールで外国人観光客を迎える旅行会社もあります。その場合、お客様の出身国のガイドを日本で雇って、そのガイドに観光や来日時の世話の全権を委ねています。

ところが、ガイドが成田空港で待っていても、お客様が乗ってくるはずの飛行機で来ないことがあります。「もっと早い飛行機便に乗れたから、別便に乗ってきちゃった」と悪びれることなく言うのです。日本の旅行会社にしてみれば、「ねえ、ウソでしょ!? ちゃんとお客様本人かパスポートを確認して！」とガイドに確認を指示します。確認すると、もちろん予約しているお客様なのです。

お客様ひとりならそれでもフォローできるのですが、「一緒に来日するはずのほかの仲間は、明後日に来ることになりました」などと付け加えられると、日本の受入担当者は初日からぐったりします。別便で来ることを事前に言わないし、勝手にスケジュールを変える。日本人からすると、その後の計画を立て直すことに必死で、頭が痛くなります。

ここで提案します。最悪のケースでは、いきなり来日をキャンセルすることもあり得ます。スケジュールを直前になって変更をする可能性があるお客様に対しては、計画を立てるという概念を捨てたほうがよいのです。

日本人は親切心で、外国人観光客向けの旅程を詳細に立てますが、外国人観光客が気の向くまま観光したいと望めば、どんなにすばらしい旅程を用意していたとしても、気ままな観光こそがベストな観光プランです。逆に、海外からみた日本は、旅行に限らずビジネスや日常生活でも、事前準備しすぎる傾向があると思われています。

東日本大震災発生時、津波の被害を伝える英語ニュースでこう評されているのを聞きました。「ハイパー　プリペアード　カントリー（準備しすぎる国）がこのような津波の被害に見舞われています」と。

外国人相手のビジネスは、外国人の出身国やその人の性格にもよりますが、行き当たりばったりのシーンが増えます。そのときは、「その場で臨機応変に対応すればいい」という概念を持ってインバウンドビジネスに当たると、直前キャンセルに遭遇したときのストレスも少し減るのではないでしょうか。

「もっと計画を立てて臨めば、いい結果が残せるのに」と思うかもしれませんが、計画を立てても無駄になることが多い環境にいると、40パーセントから60パーセントの準備をして、当日の対応で全体を85パーセントから95パーセントくらいにまとめれば、サービス提供側も受け手もハッピーだと思うようになります。すると、おのずと仕事への心構えが違ってきます。

本来ならば、100パーセントの準備をして、完璧なパフォーマンスを提供してこそ日本の『おもてなし』精神でしょう。しかし、育ってきた環境が圧倒的に違うお客様の望むものを、初めから100パーセント理解するのは不可能です。大事なことは、「目の前にいる人をハッピーにしてあげたい」と心から思い、準備に時間を費やすよりも、目の前にいるお客様のサポートを重視することです。

第2章 日本人とミャンマー人の「仕事へのプライド」の違い

4 ミャンマー人の「仕事」への感覚の違い

ミャンマーの人々は、「温厚で勤勉」と評価されることが多く、家族をとても大切にします。また、熱心な仏教徒が国民の8割以上を占めます。親族間の冠婚葬祭などの行事を重んじる傾向があり、親族との付き合い方も必然的に濃厚です。

ミャンマーに限らずどの国でも「親を敬う」と思いますが、ミャンマー人は親への敬意を絶対とする一面が強く、親の意向が就職や結婚などに強く影響します。そのため、子どもは労働適齢期になると、親きょうだいのために率先して労働力となることを望みがちです。しかし先ほども述べたとおり、ミャンマー人の親は日本人の親以上に、子どもへの助言に力を持っています。極端すぎると思うかもしれませんが、子どもがどんなに希望していた職種でも、親が否定すれば、希望職種を諦めて親の意見に従うケースは少なくありません。あらゆることの決定基準が「家族」の意見だという人は、珍しくないのです。

ですから、企業の採用面接で「親の意見を聞いてから入社できるかどうかお答えします」とミャンマー人求職者が言っても、何の不思議もありません。

成人している20代でも、個人の自立より家族として生きることを重視するミャンマー人はたくさんいます。ミャンマー人は子ども時代を学業のみに没頭して過ごすので、だいたい世間について理解して一人前になるのに時間がかかります。30代から40代くらいで一人前になったと言える人も、珍しくありません。

「ミャンマー人を採用するとき、20代の求職者は、日本人の社会人意識をマイナス5歳くらいにしたものだと思っているといい」

あるミャンマー人はこのように言います。25歳のミャンマー人求職者なら、日本でアルバイトや社会人生活をはじめたばかりの、20歳くらいの社会人意識だと考えるとよいと言うのです。

また、仕事に対して、日本人ほど肩肘張って真剣に捉える感覚もあまりありません。もちろん、やるべきことはきちんとするのですが、ささいなことまでこだわる性質はあまりありません。だから日本人が仕事をとても真剣に捉えていても、同じ仕事をしながら、「仕事」の捉え方が大分違うかもしれません。

ミャンマー人の「仕事が回っていればいいじゃないか」という、いい意味でのいい加減さすべてに日本人が付き合う必要はありませんが、日本の仕事の仕方のよい部分は真似してもらうようにしつつも、相手の仕事観を尊重するやり方も取り入れると、双方がうまく仕事をしていけると思います。

5 日本流の「先輩後輩関係」を仕事に持ち込まない

概して日本人は、先輩の言うことに対し、後輩はよく従います。厳しいところでは、先輩が黒だと言ったら、白でも黒だと言わなければならない場面があるかもしれません。

最近は実力主義を採用した企業が増えたため、後輩が先輩を追い抜いて出世することも珍しくありません。しかし、肩書きが先輩後輩関係と逆転した際、元の関係性が影響して、指示を出しにくいと感じる人もいるでしょう。先輩をたてる文化は、日本人の中に「先輩は常にリードしていく存在であれ」という自覚があるからだと思います。実力で追い抜いてしまったとしても、相手のプライドに対しての気遣いが先行してしまうのかもしれません。

一方ミャンマーでは、先輩後輩、上司部下の上下関係はあるものの、さほど従順な関係ではないこともあります。なぜならば、「先輩でも間違えることはあるし、いい加減な先輩もいる」と考えているからです。上の立場の目線も、日本とは少し異なるように感じます。日本では、先輩が後輩の面倒をよくみていたり、上司が連帯責任で部下のミスをフォローすることが多々あるでしょう。ミャンマーでは、上司が部下のミスに対して頭を下げに同行することは、あまりありません。

具体例で比較してみましょう。日本では、オーダーした料理に髪の毛などの異物が混入しているときなど、とても深刻なミスでなくても、店長がスタッフとともに頭を下げに来ることがあるでしょう。部下のミスは上司の責任であるという認識が、客側にも、店側にもあるからです。

対してミャンマーでは、店のスタッフが謝るだけだったり、たいしたことではないだろうと言い訳ですませてしまうことがあります。マンションの施工ミスによって建物が崩壊し、死亡者が出たなど、極めて深刻な事故でもない限り、上司が部下のミスに対してフォローをすることはないです。

唯一、ミャンマーで日本に近い先輩後輩関係を感じたのは、元軍人同士のやりとりでした。その理由もまた、日本と関わりがあるものです。

太平洋戦争時、日本がビルマ（ミャンマー）を支配するために、日本軍がビルマ軍を指揮下に入れましたが、その当時の先輩後輩関係の指導が、現在のミャンマー軍に名残として残っていると言われています。太平洋戦争時に鍛えられた軍人たちは、後のビルマ軍事政権の主要メンバーとなり、今のミャンマーという国を形作ってきました。

こうした特殊な例を除き、文化が異なれば、人間関係の考え方にも相違が生まれます。日本に来て間もない外国人労働者に対し、日本流の先輩後輩関係は特殊なものに見えると考えるほうが無難かもしれません。

仕事を早く完璧に覚えてもらおうと、細かい作業や指示をしているだけでも、外国人労働者は「自分ばかり特別扱いされている」と勘違いしてしまうこともあります。外国人からみると、日本人の精神や行動には不思議な点がたくさんあります。逆もまた然り。お互いに「個」を尊重し、少しずつ「日本流」の理解を得ることができればよいのではないでしょうか。

6 大勢の前で叱るのはタブー

どの世代も日本人社会では言われていることがあります。「最近の若者は……」というフレーズです。ここ数年ではゆとり世代が標的にされがちではないでしょうか。「叱ると拗ねる、へこんだまま立ち直らない、打たれ弱い」などと言われ、上司も叱ること自体が面倒になり、部下を叱らないケースも増えているという話を聞きます。

私自身は、叱られることでプラスになることがあると考えているし、実際に社会で仕事をするなかで、あのとき叱ってもらえてよかったと体験したことがいくつもあります。部下の知識不足を指摘したり、ミスを注意して正しい方向へ軌道修正をしてくれる上司に恵まれました。ほかの社員がいる前で叱られるときは、恥ずかしさや悔しさもあったけれど、「自分がミスしたのだから仕方がない。次は気をつけよう」と、諦めにも近い気持ちで受け入れました。

この経験は、「私のために叱ってもらえた」ものですが、同じ日本人でも、叱られることに慣れていない人がいます。しかし、ミャンマー人と仕事をするときは、人前で叱ることは禁忌だと心得ておくとよいでしょう。

以前ミャンマーで、ある男性社員が遅刻をしたので、仕事場で軽く注意をしました。すると彼は翌日から音信不通の無断欠勤を続けました。ようやく連絡がつくと、彼は電話でこう言いました。「家庭の事情で地方都市に行きます」と。しかし数カ月後、私たちの事務所がある同じヤンゴン市内の外資系企業で、彼が似たような業務に就いているのを知りました。

おそらく、音信不通の無断欠勤をしている間に、転職先を見つけていたのでしょう。ミャンマーで日本語や外国語ができる人材は転職もスムーズにできますから、ちょっとしたきっかけで優良な人材ほど転職してしまいます。

彼の転職のきっかけになったことは、日本人からすると本当にちょっとしたことです。人前で「遅刻の注意をした」だけですが、彼は「人前で叱られた」と感じてしまったのです。ミャンマーでは両親、教師僧侶以外の人が、人前で叱る習慣があまりありません。

だから、転職先のアテがない人は叱られても我慢していますが、引く手あまたな有能な人ほど、「俺がこんなことで叱られる筋合いはない」という発想をします。

優秀な人材を引き入れて仕事を一緒にしたい場合は、「人前で叱らない」で褒めて育てることです。加えて、したたかな考えではありますが、優秀な人材は常にチェックし、裏で人間関係をつくって強いパイプでつないでおくことが必要です。

最大都市ヤンゴンの中心街へ続く道路。日中は渋滞している。
〈撮影：TUN AUNG KHIN〉

第3章 見積もり、メールの常識を忘れよう

7 ビジネスは対面が基本。メールや電話のみでは信用されない

社会全体に出回っているお金が少ない国では、借りたお金を返さない、店のお金を持ち逃げする、偽装発注で会社のお金を持ち逃げするなど、あらゆる方法でお金を手にしようとするトラブルが後を絶ちません。

このような国でビジネスをしようとするなら、日本人同士のビジネスのような「無防備さ」をみせるわけにはいきません。仕事やお金が絡む取引で信頼できる関係を築

きたいなら、「メールや電話」だけのやりとりを改めるべきです。

日本はインターネットやメール、電話サービスが発達しているため、日常からビジネスシーンにおいて、直接相手の顔を見なくても取引がスムーズに進行します。銀行サービス、ショッピングなど、お金に直接関わる信用取引すらも、相手の顔を見ずに行えます。

しかし、国が変わればインターネットや電話回線の環境に差がでてきます。ミャンマーでは現在もインターネット回線や電話回線状況が悪く、日本からメールを送っても接続不良で閲覧できなかったり、電話も途切れてしまうことがあります。ときには停電により、パソコンそのものの電源がダウンしていることも。つまり、メールや電話での交渉、取引は物理的にアテにならないのです。

ミャンマーも現在、社会全体に出回るお金が少ない国のひとつです。銀行でお金を借りることが極めて難しい社会ですので、個人や企業間でお金のトラブルが発生しやすいのです。ですから、お金が絡む取引では、相手の顔を見ないで進行することは非常に無防備で、危険です。

日本から取引を希望して電話やメールで交渉をしても、「はいはい」と返事だけで一向に進展がなかったり、突然「こちらに来てくれたら詳細をお話しします」と言われてしまうこともあります。この回答は、「日本からミャンマーに来るほどやる気があるならば、話を聞いてもいい」という意思の表れです。

「こっちへ来いだなんて偉そうに……」と憤慨して、ビジネスチャンスを潰すか、「直接交渉のチャンス」と思い、一念発起してミャンマーへ赴くかは、みなさんの「やる気」次第でしょう。

今後、ミャンマーとのビジネスはコミュニケーションツールが便利になるにつれて、少しずつ変化していくと思います。しかし、がらりと急変する保証はありません。今のところ、対面での交渉がもっとも効果的なビジネスの進め方です。

8 音信不通はよくあること

今の日本では、ビジネスでもプライベートでも、携帯電話やインターネットが手放せません。一昔前は、携帯電話も一部つながりにくい地域があったものの、今ではほとんどの地域でクリアな音質で通話できるようになりました。ビジネスにおいても、ほとんどがオンライン化され、パソコンとインターネット接続は重要なビジネスツールとして普及しています。

電話やインターネットのやりとりは、タイムリーに情報を共有できる利便性から、世界中で積極的に取り入れられていることでしょう。しかし現状、かつての日本と同じように、オンラインシステムを整備している最中の国や地域がたくさんあります。

私はミャンマーの企業や個人と連絡をしなければならないことが多々あるのですが、そのときは「電話がつながるとは限らない」という前提でコールします。ミャンマーにもインターネットや携帯電話はあります。

しかし、日本のように満足できるレベルではなく、通信環境はまだ整備中の段階です。携帯電話を持っている相手に電話をかけても、電波が弱くて、通話が途切れてしまうこともあります。話の続きをするためにかけ直しても、すぐにつながるとは限らず、必要に応じて辛抱強くかけ直すしかないのです。

日本人の多くは、仕事の話をしている最中に電話が途切れた場合、双方がすぐにかけ直したり、良好な電波状況を確保するために場所を変えたりするでしょう。通話が途切れたまま数日もたってしまった……などの状況は稀だと思われます。プライベートのやりとりでも、急に音信不通になったら心配するはずです。

ところが、ミャンマーに住む人とやりとりをしている最中、ある日突然、音信不通になることは珍しくありません。こちら側がコンタクトを取ろうと必死で電話やメールをしても、つながりにくい環境なのだから、レスポンスが悪くても仕方がないのです。さらに、ミャンマーに住む人は、連絡が途絶えることに慣れてしまっている節があり、慌ててかけ直してくることも稀なのです。

日本で固定電話が主流の時代も、ミャンマーでは電話普及率が低く、回線も不安定でした。どうしても用事があるときは、電話を設置している近所の家にかけて、目当ての人を呼んでもらってようやくつながるのが日常的でした。携帯電話が普及する以前から日本にいるミャンマー人は、「午前中に電話をかけて呼び出してもらい、会話を終える頃には日が暮れていることもザラだったよ」と言います。

こうした背景から、ミャンマーで暮らす人も、日本で暮らすミャンマー人も、電話をかけることはお互いに苦労が伴われるという意識があるようです。そのため、あちらから電話をかけ直してくることは、よほどの理由がなければないだろうと思っていたほうがよいでしょう。

メールも同様で、インターネット回線が全域的に普及しているとは限りませんし、接続も時間がかかります。タイムラグなしのやりとりを望むならば、直接顔を合わせることが一番なのです。

相手から折り返しの連絡がないからといって、不安になる必要はありません。相手の状況や環境を考慮して、こちらからかけ直せばよいのです。特に海外の人とやりとりをする場合、こうしたケースもあるのだと、頭の片隅に入れておくことをおすすめします。

9 見積もりは「仕事を引き受けた」サイン

日本で仕事をしているほとんどの人が、「見積もり依頼」が来た時点では受注決定と思いません。見積もりを提出する側も、「あいみつ」（相見積もり）でほかにも見積もりを持ちかけていることは常識といってていいでしょう。見積もりが認められてから、正式依頼がきます。

ところが、ミャンマー人とビジネスをする際は、「見積もり＝正式依頼」である、と相手は認識していることを理解しておかなければなりません。ミャンマーでは、「見積もりを出すときは正式な依頼がきたとき」という文化があるのですから、勘違いするほうが悪いのではなく、ミャンマー流のビジネスをベースに考えないほうに落ち度があることになります。

近年、ミャンマー人も日本人は正式な依頼ではないのに見積もりを求めてくる性質があると理解しはじめていて、「日本人はＮＡＴＯ（Not Action Talk Only）、つまり話だけで行動しない」と言われたり、「見積もりクン」とあだ名をつけたりしています。ですから、日本人から見積もり依頼があると、正式発注ではないため、「やる気はない」と思われています。

見積もりを出しても取引につながらないのであれば、即決断してくれる中国企業や韓国企業のほうがやる気があると判断されることもあります。

何度も見積もり依頼をしているのに、仕事の依頼をしない日本企業に対し、ミャンマー人が見積もりの提示を拒否したことがありました。そのときの言い分も「仕事をしない見積もりクンに、見積もりを出すだけエネルギーの無駄」との抗議まがいのものでした。

見積もりだけで受注の感覚を持っているミャンマー人たちですから、日本でよく行われている「相見積もり」などもってのほかです。他社との比較が前提ですから、ますますミャンマー人からはやる気がないと思われ、彼らのやる気も削ぎます。

どうしても相見積もりが必要なときは、書面で求めたりせずに口頭ベースにとどめましょう。その際、金額を提示してくれるだけでも感謝するべきです。教えてもらった後、仕事を依頼しない場合は、相手の感情を傷つけない断りの理由も必要です。「どうしてもあなたの会社と仕事をすることができなくなった。しかし、見積もりを出してくれて感謝しています」と丁寧に伝えると、以後の関係も壊さずにいられるでしょう。

私の場合、見積もりを出してもらった人に対しては、直接お礼に伺ったり、食事に招待しています。毎回仕事を依頼するとは限らないけれど、良好な関係を続けたい業者の中には、気前よく見積もりを出してくれるところもあります。そのかわり、私からホテルの食事をおごったり、担当者の医療費を一部援助したりするなど、相手に見積もりを出すメリットを提供し、正当な金額での見積もりを得ています。

そこまでしないと見積もりをもらえないのかと思うかもしれませんが、たかが見積もりと軽くみてはいけません。ミャンマー人は人との関わりを大切にしますから、感謝の気持ちを示し続けることで、ミャンマー社会の中で信頼を高めていくことにつながります。

こうして築いていく人間関係のなかで、いつかビジネスで助けてくれる人が現れるかもしれません。ミャンマー人が特に大切にする人間関係こそ、海外ビジネスを展開するための最大の情報源で、財産になります。日本のビジネスルールが他国でそのまま通用するとは限らないケースは、ほかにもたくさんあります。少しずつ、相手の国のビジネスルールを理解していきましょう。

ヤンゴンのスーパーと縫製工場社員の毎朝礼時の祈り。朝礼は7時から。
〈撮影：著者〉

第4章 嘘をついている前提で相手の話を聞く

10 「安くてお得」は絶対に確認しよう

日本では、全国展開している100円ショップやスーパーマーケット、ユニクロなど、安くて実用的なものを買える店が、幅広い世代に支持されています。洋服も数年間着回すことができれば、多少の色あせなど気にならないという人も多いと思います。そう思えるのは、「1900円で、これだけたくさん着られたのだから、よしとしよう」と、消費者が納得できるクオリティが維持されているからです。私たち日本人は、「安くてお得」なものに囲まれています。

ところが、ミャンマーに「安くてお得」なサービスがあるかと問われたら、答えはNOです。ミャンマーで、見た目が綺麗な「あかこすり」を安価で買ったとき、たった3日でボロボロになってしまいました。小さな生活用品だけではなく、医療においても「安くて充実した治療」は期待できません。

医療設備が整った総合病院で受診すると、1回の診察でミャンマー人の平均月収の半分以上も請求されます。日本では健康保険制度が整備されているので、大病院でもクリニックでも、同じような医療なら受診者の負担額にそう差はでてきません。しかし、ミャンマーでは健康保険制度が普及しておらず、大病院では高額な医療費を請求されるため、一般的な人々が総合病院を受診することは稀です。

一般的な人が治療を必要とするときは、街中の一角にある小さなクリニックに行きます。安価な診察代で患者の診察をして、薬も処方してくれるため、一般的な給与所得者たちはクリニックを頼りにするほかありません。安く診てくれて、きちんとした処方薬も出してくれるなら悪いところなどないではないかと思うのは、気が早いです。

私も過去にクリニックで受診したことがあるのですが、瓶の中の薬剤を小袋に詰めて渡すだけで、子どもにも、大人と同じ錠剤を半分に割って出すだけでした。このクリニックで処方された薬を飲んで、子どもが具合をより悪くしたという話や、同じ治療をしても治る人と悪化する人がいるという話を耳にし、空恐ろしくなって逃げるようにクリニックを後にしました。安価な医療貢献をしていても、処方薬の効果の差が激しいクリニックなんて、日本では考えられないでしょう。

「安かろう、悪かろう」は通訳の世界にも存在します。ベテランで実力のある通訳は、日額でミャンマー人の平均月収以上の金額を要求してきます。その代わり、しっかりと仕事をしてくれます。逆に、高額なギャランティを要求できない通訳者は、実力に差があるので注意が必要です。実力がある人と、そうでない人が確実に混在しています。

ミャンマーだけでなく、経済的に発展していない国に「安くてお得」の概念を持ち込むのは無謀です。安い商品を買って、すぐに壊れたからと売り手に文句を言っても相手にされません。なぜなら、それは「安くて悪いものだから。悪いものだから安い」のですから。

自分の足で探し回り、直接確認することを続ければ、いつか「安くてお得」なサービスに出合えるかもしれません。しかし、その時間が惜しいと思うのなら、高額だけど品質が保証されたものを選択するのが賢明でしょう。

11 嘘が必要な世界

日本のビジネスシーンでも多少、「嘘」が必要なときがあります。相手を傷つけずに断るときに小さな嘘をついたり、面接時に自分の能力を少しばかり高く表現したりと、「嘘も方便」です。しかし、あまりに事実とは異なる嘘をつく人は、そう多くないでしょう。後に自分の首を絞めることになるとわかっているはずですから。

私がよく知るミャンマーについて、率直に言うと、とにかく「言い訳」が多い世界だと感じています。ミャンマー人を面接したり、雇用してみるとよくわかるのですが、「言い訳」は面接の段階からはじまっているので、私も話半分で進めながら本音を探っています。

もちろん日本にも、内定をもらっていても「家庭の事情で勤務開始日が伸びるかもしれません」と言いながら、裏でよりよい条件の転職先を探し続け、好条件の会社に入社を決める人がいます。ところが、ミャンマー人の就労希望者と日本人の雇用者という関係だと、「日本人はミャンマーの事情をあまり知らないから、うまく騙せる」と思っている節があります。ですから、「言い訳」と表現するよりも、「嘘」が正しいのかもしれません。

いざ雇用のためにと企業側が研修の手配などをすませた後、大きな「嘘」が露見し、実費的な被害を被った企業も知っています。ある日本企業が、ミャンマーの現地で働いてくれるミャンマー人を日本で面接した際、「日本で学んだ語学力を母国で生かしたい」と言っていたので、現地の人事体制などを整え、入社の日を待っていました。しかし実際は、そのミャンマー人は母国で仕事をするつもりはなく、日本での仕事の継続が決まると、入社数日前にあっさりと断りを入れたのです。

なぜ日本で働くことにこだわるのかというと、日本円として外貨を得るほうが、ミャンマーで働くよりも実入りがよいからです。ミャンマーでは家族が揃って暮らしていて、一家を支えるだけでも苦労します。そんななか、言語に堪能な人がひとりでもいれば、その人が国外へ稼ぎに出て、一家の家計を支える稼ぎ頭になるケースが多く見られます。そうした人は家族を支えるために、何としてでも高待遇の仕事に就き、1日でも長く日本に留まりたいのが本音です。そのために、平気で嘘をつくのです。

またミャンマーでは、「日本人とビジネスをしている人は稼げる人」という評判ができます。あながち外れではないのですが、稼ぐために「信仰心」すら利用する人も存在します。あるミャンマー人女性はきょうだい十数人と、子ども3人を養っているのですが、まさに「嘘」と実力で外貨を稼ぎ、ミャンマー社会でのし上がっています。

彼女は、日本に来日することが多いミャンマー人僧侶のお世話係（ケッピャーと言いますが）を買って出て、持ち前の日本語能力を生かし、僧侶とともに何度も来日していました。来日するたびに、日本人とのつながりをつくり、「信心深さ」をアピールするのですが、ミャンマーに帰るとケッピャーの仕事をしません。

まったく信仰心がないわけではないと思いますが、彼女の目当ては日本に滞在するための「ビザ」なのです。そして僧侶とともに来日しながら、ミャンマーで軍事政権とつながりの深い政商の代理業をして、ビジネス活動をしてきました。

海外経験に乏しい一般的なミャンマー人は、本来のイメージ同様、素朴で純粋、あまり嘘をつきません。ところが、富裕層、中流階級に属し、日本や海外とビジネスをするミャンマー人は、嘘を当たり前につきながら仕事をする人が目立ちます。この現象をみると、ミャンマーでは経済的に裕福になるために、嘘が必要な社会なのかもしれない、と感じるのです。

バガン仏教遺跡にあるアーナンダ寺院の西側の仏像、釈迦牟尼（しゃかむに）。
〈撮影：著者〉

第2部

海外ビジネスで失敗しないために理解すべき18のこと

ヤンゴンでは現在、建築現場をよく見かける。
〈撮影：TUN AUNG KHIN〉

第1章　お金は「長く借りているだけ」

12　店は神様、お客と店のパワーバランス

「お客様は神様だ」と客を扱う国は、そう多くありません。海外に行ったことがある人なら少しは経験があると思うのですが、日本人店員の接客に比べていいかげんさを感じることのほうが多いでしょう。

ミャンマーでも、客よりも売り手のほうが力関係では上になります。ミャンマーは1962年から1988年の民主化デモが生じるまでの間、独自の社会主義体制下にありました。この時代を知る人に話を聞くと、極端にものがない時代だったことを知

ることができます。「家庭で肉はめったに食べられなかった。バスタオルも8人家族に対し1枚しか配給されず、村でテレビや車を持つ家庭はひとつだけだった」といった状況を語るのです。

よそよりもものを持つためには、権力者になるか、権力者のコネを得て、外貨を稼ぎに行くためのビザを発行してもらうしかありませんでした。なかには、国内で承認されていないビジネスをやる人もいました。

このような経済背景から、自然と、ものを持つ人は「パワーを持つ人」という認識が生まれます。

現代ミャンマーでもその意識は残っていて、たくさんの商品を持っている店は、客よりも地位が上と思っているのです。そのため、買い物客が来店しても、店員は座ったまま眺め、財布を出すまでほとんど相手をしないところも多くあります。

実際に私も、「銀行」で客と銀行のパワーバランスの差を見せつけられて、唖然とする経験をしました。ミャンマーではドルだけでは生活しにくいため、銀行でミャンマー通貨のチャットに両替しようと出かけた日のこと。銀行のカウンター前には、外国人とミャンマー人の客が30人ほど群がっていました。一時間ほど待たされている状況のなか、ミャンマー語が堪能な白人女性が銀行員に両替を促したときに、目を見張る光景が……。

何と銀行員は客の要求に応えず、大勢の客の前でカバンからピザパンを取り出して食事をはじめたのです。客を待たせて自分の空腹を満たしはじめるとは、さすがに驚きを隠せません。私のほかにも外国人観光客がたくさんいましたから、一同開いた口がふさがりませんでした。思わず、「客に対してウンとかスンとか言えばいい」とつぶやくと、日本語がわかるミャンマー人がこう答えました。

「あの人がこの銀行支店の元締めだよ。銀行内では彼が誰よりも偉いから仕方ないよ」と。

そうです、ミャンマーでは、金を多く持っている銀行のほうが、手数料を払う客よりも偉いのです。

日本企業がミャンマーの工場や店に仕事を発注しても、嬉々として仕事を受けるミャンマー企業ばかりではないのは、こうした認識があるためです。最近は海外慣れしたミャンマー人が、日本人や外国人が喜ぶようなサービスを意識して提供しようとするシーンもみられますが、残念ながら、愛想のよさとビジネスの実力が比例しているとは言い切れない状況です。

13 代金未納が続く理由

ミャンマーには、一般家庭に大粒のルビーやダイヤがついた貴金属や純金が置いてあったり、広い土地に家を建てて暮らしていたりする人がいます。なかには、億単位の価値がある土地に住む経営者もいます。こうした人となら、数百万円単位の取引をしても心配ないだろうと思って安心するのは危険です。

なぜなら、手元に紙幣がないため、すぐに代金を支払えないからです。ミャンマーは企業にも一般家庭にも、紙幣があまり流通していないことを何度か述べてきました。企業にも紙幣がない理由は「大企業の資金繰り」の項で後述しますが、これまでに真っ当なやり方で稼げる社会ではありませんでしたし、国民が紙幣を信用していないことも、紙幣流通を遅らせる原因のひとつです。

１９８８年に生じた、ミャンマー民主化デモのきっかけとなった、高額紙幣廃止令という施策がありました。この施策により、ミャンマー人はある日突然紙幣が低価値になったり、無価値になる経験をしました。そのため、紙幣に頼らず、貴金属や土地を購入して資産を維持することを優先するようになったのです。


さて、このような歴史的な出来事や習慣を知らない日本人と、ミャンマー企業が商品やサービスの取引を行う場合、「いつになったら代金が支払われるのか」というやりとりに苦労する可能性があります。

ビジネスを行う前に、資金を用意しないなんて考えられないと思うかもしれませんが、ミャンマーは銀行でお金を借りるのが難しい社会です。仮に銀行からお金を借りられるとしても、ミャンマー国内の超高級住宅地の土地など確固たる担保が必要になるので、中小企業規模の経営者が簡単に借り入れできるものではないのです。

しかし、商品がなければ商売はできません。でも、支払いに必要な「現金」もありません。銀行がダメなら、知人や市井の貸金業者から借りるしかないのですが、「借金は恥ずかしい」という通念があるので、ますます資金繰りが苦しい。ミャンマーのビジネスは、見栄と資金的困窮が交錯して、頓挫しやすい状況があります。

そうした社会の中で、根気強くビジネスを展開する企業はまだまだたくさんあります。だからと言って、生き残りをみせる企業は資金繰りが上手であるというわけでもありません。元来、ミャンマー人はとてもおしゃべりで、話し上手な人がたくさんいます。この口の上手さがビジネス上でも巧みに発揮され、「いつになったら代金が支払われるのか」という状況が生まれるのです。たとえば商談中に、この商品を買ってくださいと言うと、「とりあえず先に商品を送ってください。代金は到着後に払います。なぜなら……」と、この先に熱弁がふるわれることがあります。

銀行経由の送金はシンガポールを経由しないといけないから時間がかかるとか、現在の自分の経済状況や市況など、いろいろな理由を並べて代金後払いが仕方のないことだと思うように誘導します。

ところがお察しのとおり実際は、大企業であってもそこまで「紙幣」を持っていない可能性がありますから、商品が届くまでの間に、「自分の資産を紙幣に変えよう」、

「とにかく知人にお願いして紙幣を準備しよう」などと考えていることがあり得ます。そして商品が届くまでに紙幣が準備できなかったら、支払いは滞ります。

お金を貸した場合も同様です。返済を促すと、「返さないんじゃない、長く借りているんだ」と言い訳をする人もいます。どうしても返済や支払いの見込みがないときは、ミャンマー現地の弁護士に相談するとよいでしょう。紙幣以外のもので返済にあててもらうのです。

「とりあえず商品を先に送って」と言われたら、ミャンマー流ビジネスに妥協するのも、妥協せずに門前払いするのも自由です。それか、中間をとって「半額前払い、半額後払い」としてもらうのもよいでしょう。ただし、後払いの場合はリスクが極めて高いことを、十分に承知しておきましょう。

14 お金になるなら本気を出す

日本では口頭よりも書類ベースで仕事を進めることが正しいと考えられていますし、

証拠として残すためにも、相手を納得させるためにも書類ベースは理にかなっています。そのため、見積もりや業務計画書など、直接利益にならない作業でも、日本人は仕事のひとつとしてせっせと作成します。

この習慣がビジネスとして本当に「正しい」ものかは、取引をする国次第としか答えようがありません。たとえばミャンマービジネスでは、「お金にならないかもしれない書類」を作ることにいい顔をしません。見積もりや指示書、計画書などを作ることにエネルギーを消費しても、お金にならないならば無駄だし、作ってと指示する労力すら惜しい。そう考えがちなのです。

しかしビジネス上、作ってもらわなければ困るシーンに行き当たりますよね。現地でミャンマー人従業員に指示をする立場になったら、すぐにお金にはならないけどやってもらいたい仕事がたくさんでてきます。そのような場合、まずはその仕事に対する利益を見せる必要があります。つまり給与や人脈、経歴にプラスになることなど、具体案を提示するのです。

そしてこのときに注意する点があります。仕事前にこれらの利益を提供すると、後回しになった仕事のクオリティに影響しかねないので、仕事前は詳しい説明にとどめて、「仕事後」に利益を提供することです。

ミャンマーはとても親日家が多く、日本のブランドも信頼されています。しかし、日本流のビジネスが日本流のスタイルのまま歓迎されているわけではありません。ミャンマー人にとって、日本流のビジネスは細かくて、お金にならない仕事も多い面倒な一面もあるのです。こうした人々に日本と同じクオリティを求めるときは、こんなことを言ったりしています。

「あなたたちが大好きなトヨタが世界的企業になったのは、細かいチェックを怠らない日本人の気質が要因のひとつ。ミャンマーで世界的企業を育てたいなら、細かい指示に対応できるようにスキルを高めておくとよいと思いませんか？　そうやって世界的な信用を得て、会社が大きくなって従業員が増えると、受注も増えて給与も増えるんですよ」と。

15 大企業の資金繰り

ミャンマーでは大企業といえど、ビジネス手腕が優れているというわけではないという話をしてきました。では具体的に、どのように企業を拡大したのかと言いますと、ミャンマーの大企業の多くが国から独占的に開発などの仕事を受注して、企業を発展させました。土地などの不動産を取得するにも、軍事政権のコネで獲得した可能性があります。

資金獲得のほかの方法として、海外からの投資が挙げられます。たとえばマンション開発をミャンマーの大企業が行う場合、表向きはミャンマー企業が主体の開発になっていますが、実際の資金は海外の投資家が投資しているのです。つまり、ミャンマーの企業が提供するのは土地だけで、金は海外企業が回しているという実態があるかもしれません。

このようにミャンマーの大企業は、自前の資金力のみで紙幣を用意して、企業活動をしているとは限らないのです。

ただし２０１６年３月末以降、ミャンマーがより民主化すれば、こうしたコネによる土地取得や開発受注はできなくなるかもしれません。アウンサンスーチー氏がどこまで手腕を発揮できるか未知数ではありますが、ある程度成果をあげられたら、ミャンマーの大企業の資金繰りは変わってくる部分もあるでしょう。

すしの移動販売。ヤンゴン商業地の道路脇に軽トラックを停めて、のり巻きを売る。〈撮影：著者〉

第2章 結果を出す前に重要視すること

16 現地の情報は現地で集めよう

インターネットで「とりあえず検索して調べてみよう」とする人は多くいます。日本だけでなく世界中で、情報収集のツールとしてインターネットが利用されています。ミャンマーでも、インターネット回線が不安定とはいえ、ネットユーザーは爆発的に増加しています。将来的に、ミャンマーのような発展途上国からも、信頼に足る情報が現地から発信される可能性があるでしょう。

しかし現状はどうかと言うと、ミャンマービジネスの情報は、現地で集めることをおすすめします。なぜなら、ミャンマーでは「情報」をビジネスのキーパーソンが一極的に持っていることが多いからです。たとえば、ある産業で唯一重要な役割を果たしている会社でも、経営や人事、一般業務に関わる情報を社員全員で共有していることは稀です。だいたいが社内の一部のキーパーソンが情報をコントロールしていて、インターネットに掲載して公表することがありません。情報を持ったキーパーソンは、自社の秘密を固く守りながら会社の利権を守っているのです。

日本企業同士が新規取引をする場合、インターネットで会社概要や業務内容、決算状況などをあらかじめ調べることが多いと思います。どうしても情報が見当たらない場合は、直接顔を合わせて信頼できる相手かどうかを見極めるでしょう。

海外ビジネスの場合、時間や渡航費、滞在費用などの問題から、現地には行けないという人がいます。しかし海外ビジネスは国内ビジネスよりもリスクが高く、資金投資後の回収も手間がかかります。後々のリスクを減らすためにも、必ず一度は現地に向かい、自分の目で現場をみることをおすすめします。

17 まずは友人をつくろう

海外進出したい場所が決まったとき、コンサルティング会社に高額を支払い、現地の情報収集をする方法があります。しかし中小企業の中には、情報のために予算を割く余裕がない企業もあるでしょう。

私の場合、現地の情報収集は自分の足で行います。それでも、現地に数日滞在する程度では、表面的な情報しか得ることができません。その社会に深く食い込む人脈に行き当たらないと、本当に有益な情報は出てこないのです。そこで、ミャンマーで成功している日本の中小企業のやり方を紹介したいと思います。

その方法はとても簡単です。現地で暮らすミャンマー人の友人をつくるのです。ひとりの友人から信用を得て、友人の友人、その友人の友人……と、紹介してもらいます。友人のつながりを広げながら、自分のビジネスに欠かせない企業関係者を探していきます。

もちろん、はじめから信頼できる友人にめぐり合えるとは限りませんが、「人を見る目を磨くチャンス」だと思って、積極的にミャンマー人と関われそうな場所に行って、話しかけてほしいのです。そうすることで、ミャンマー社会内で信頼を得ている人、そうでない人が見えてきます。そして、しっかりとした人を紹介してもらえそうだなと思える友人から、ビジネスパートナーとなりそうな人のツテを探るのです。

人付き合いの判断をするのは、自分自身です。海外ビジネスで成功している日本人は、こうしたコネクションづくりが上手です。実際にミャンマーで、ミャンマー人と一緒に事務所を借りてシェアしたり、共同ビジネスを行っている日本人がいます。ミャンマー人は、自分に利益があるとわかれば日本人と一緒に働いてくれますし、ミャンマー人と親交を深めた日本人に対して、ミャンマー人は品行方正で好印象だといいます。

積極的に外国人の友人をつくることで、ビジネスの発展につながることがあると思っていて、損はないでしょう。

18 日本人街のメリット、デメリット

今や海外で日本人がいない国は、ほとんどないかもしれません。日本人が駐在する国には、日本人会や商工会などがあります。そこに加入すれば日本人同士で親交を深めたり、情報交換ができます。海外に長期駐在すると、同じ日本人が身近にいることは心強く感じますし、息抜きを必要とするときがあるでしょうから、このようなコミュニティは非常に有効です。ときには現地でのビジネスに役立つ情報を得ることもできるでしょう。

一方で、日本人同士のコミュニティ内に留まってしまうと、コミュニティ外の「現地」の情報を得ることが難しくなるというデメリットがあります。実際にミャンマーでは、日本人が持つ情報がミャンマー社会のうわずみ部分だけなのに、その情報を頼りに活動してしまう日本人をみかけることがありました。

私は、せっかく海外にいるのでしたら、そこにいる様々な国の人と付き合うほうがよいと思っています。その社会を勉強するには、その社会の人々から学ぶことが一番

効果的だと考えているからです。

日本とは異なる社会に飛び込む怖さはわかります。しかし、これからの日本は少子高齢化社会により、国内消費がしぼむことが予測されます。そこで次の経済ターゲットのひとつを、ＡＳＥＡＮ諸国に定めました。つまりこれからの日本は、この整然としない、日本とは異なる文化が広がる国際社会で、経済発展を目指さなければならないのです。国際社会で上手に稼ぐためには、現地の日本人コミュニティと現地の人たちのコミュニティの両方で、バランスよく付き合うべきです。ミャンマーとのビジネスにも、同様のことが言えます。

19 海外にいるなら日本社会に固執しないこと

「この国に進出しているライバルの日本企業は、私たちが募集している同業種でこのくらいの給与を出している。だから弊社も、同じくらいの給与にしようと思う」

海外の日本人駐在員が現地出身のスタッフを雇うとき、現地の平均給与を気にすると同時に、こんなことを言います。

しかし、これでは雇用問題の解決になりません。私は「よいスタッフを雇いたいなら、ライバル社と横並びの給与では応募してきませんよ。ミャンマー人を動かすなら、一にも二にも、高額の給与です」と助言をするのですが、「ライバル社とはいえ同じ日本企業ですし、ときどき情報をもらうことがある。ぬけがけをするような真似はできない」と、経験則を真実と受け止めてもらえないことがあります。日本人はどうしても、日本での横並び給与をよしとする概念を捨てることができない傾向があるようです。

みなさんには、よく考えてほしいものです。海外ビジネスの場におけるライバルは、日本企業だけではありません。世界各国がライバルです。ミャンマーには中国、韓国、ベトナムだけでなく、タイやシンガポールの企業も多く集まっています。そして各国の企業が投資をして、経済的なプレゼンスを得ようとしているのです。その一部である日本企業同士が仲良く横並びになっていても、意味がありません。

先ほどの給与の話ですが、日本の大企業が横並びの給与を提示していても、より高額の給与を他国の中小企業が提示している場合、優秀な人材は他国の中小企業に向かいます。海外ビジネスで、日本企業同士の枠におさまるような判断をしていては、生き残れる確率はとことん低くなるでしょう。

さらに、日本人同士がお互いの動向を気にするのは、給与面だけではありません。ミャンマーに工場を建設したい日本企業の担当者と話をしていたとき、工業地帯で一番大きな工場を設立している韓国企業よりも、工場を設立していない別の日本企業の動きを気にしていました。

日本企業の目線は、海外にいてもライバルの日本企業に向くのです。これまでは海外ビジネスでも、日本企業同士の市場競争を繰り広げてきたのかもしれませんが、現代においてはライバルは世界各国に広がっています。

海外ビジネスを成功させたいのであれば、日本におけるビジネスのやり方から、海外ビジネス流に切り替えることが大切なのではないでしょうか。

20 現地の「外国人成功者」に学ぼう

誠実、忠誠などが通用しない海外ビジネスの現場で、現地の外国人成功者に学ぼうと言われても「キレイなやり方でのし上がっている外国人がいるものか」と思われる方もいるでしょう。もちろん、それは一理あると思います。

しかし、海外ビジネスで成功するには、その土地ごとの商習慣や地域性を考慮しなければなりません。海外ビジネスにおける外国人成功者は、現地の商習慣や地域性を把握しています。だから、彼らの動きや仕事の仕方をできる範囲で真似することは、成功への過程で欠かせないものになるのです。

たとえば、ミャンマーの最大都市ヤンゴンでは、大勢の韓国人がビジネスを行っています。彼らは海外ビジネスでぶち当たる困難をものともせず、スイスイ泳いでいるように見えます。こうした韓国人とビジネスを行うときに感じるのは、ミャンマー語で言うところの「ミャンマーニー、ミャンマーハン（ミャンマーではミャンマーのやり方で）」を理解していることです。

彼らは外資系企業の駐在員として活動しているのですが、個々の業務契約ではミャンマー人秘書を立て、ミャンマー人同士の取引にすることがあります。外資系企業としてではなく、ミャンマー人の個人間取引にしたほうが有益である場面を知っているのです。そして交渉事は現地スタッフの秘書に、十分な給与と権限を与えてスムーズに進行させます。

交渉のやり方においても、自分の国の流儀は通さず、要求だけを伝えて、最後にミャンマー人が納得する着地点に折り合いをつける柔軟性を持っています。

あるミャンマー人はこう語ります。

「ああ、韓国人とは仕事しやすい。日本人に半年もセールスして売れなかった商品が、韓国人相手にはすぐ売れたよ」

彼らのやり方は、「外国人が入り込めない場所を知り、そこを現地スタッフに担ってもらう」というもの。責任感の強い日本人は、何でも自分の責任で業務を遂行したがります。しかしミャンマーの場合、その考えでは絶対に入り込めない場所がありま す。海外では、誰でも自分が少数派です。経済大国出身の日本人も、海外では少数派です。少数派が意見を通すには、戦い方を身に付けて、時と場合で方法を変えて実践していく必要があるのです。

21 無法・違法なふるまいをしすぎない

日本は、ミャンマーより法規制の厳しい国です。日本でビジネス活動するのに、制限が出てくる場面もあります。だからといって、法規制のゆるい国に行って、日本では違法なことをやっても大丈夫と勘違いするのはどうかと思います。同時に、ミャンマーで違法とされることを、金にものを言わせてガンガン行う日本人が、少数ながらいるのも事実です。

たとえば、土地への投資です。ミャンマー人しか購入できない土地を、ミャンマー人に名義を借りて購入する日本人がいます。しかし、こうした違法行為をやりすぎると目立ちます。パートナーのミャンマー人と人間関係をこじらせたり、裏切られた場合、当局に報告されて逮捕される可能性もあります。残念ながら、こうした日本人を見かけたのは、ひとりやふたりではありません。

こういう日本人を含めた外国人の評判は、ミャンマー社会であっという間に広がります。違法行為で逮捕された日本人が、ミャンマーの刑務所から釈放されて日本に帰国し、日本でミャンマー人と交流すると、「あのときにミャンマーで話題になった人だ」と気付かれ、ミャンマーと日本の国をまたいだ噂が立つのです。

その際、この日本人が、以前どのようにミャンマーで暮らしていたか、どういうふうにミャンマー人を雇ったかなど、様々な情報も行き交います。当の日本人が自分の行いをごまかしても、ミャンマー社会では赤裸々な情報も流れているのですから、ごまかしようがありません。この日本人が、ミャンマーで再びビジネスをするとき、助けてくれるミャンマー人はいるでしょうか。

法律が100パーセント正義ではないかもしれませんが、他国でその国の国民がやりたくてもできないことをやりすぎると、反感を買います。また、日本人は親切だと多くのミャンマー人は思っています。ですが、その見本とならない日本人が、わずかながら存在しているのです。見本とならない日本人の一例を、ご紹介しましょう。

「金を払っているのだから、自分の求めるクオリティのサービスを出すまで、クレームし続ける」日本人がいました。そのクレーム内容は、サービス提供するミャンマー人が、一部無賃労働をしなければならない不当なものでした。1日分の給与しか払っていないのに2日間働いてほしいとか、提供されたサービスの質が悪すぎるとか、永遠とクレームを続けたのです。

こうなりますとミャンマー人も怒りまして、「次に彼がミャンマーに入国する際、知り合いの入国管理省の官僚に頼んで、彼だけ国際空港ゲートから出さないようにしてやる。二度とミャンマーに来なくていいぞ」と言うほどでした。この場合、実際に行動に移さなくても、そういう準備ができるということです。だからミャンマーでは、お金で雇った人だからと相手に対する態度を変えるのはどうかと思います。

鎖国状態が長く続いた国なので、国内の人的ネットワークがものすごく発達しているのです。誰が、どこの権力者とつながっているかわかりません。どこで自分の噂が広がるか読み切れません。

私の友人のミャンマー人は、日本人向けのキャバクラ経営に携わっています。ここでの日本人の行動を、彼は絶対に人に語りません。しかし彼は水商売をやる裏で、ミャンマーの政治の一部を動かすような活動もしていて、様々なミャンマーの権力者とつながっています。そういう人が、ミャンマーにおける日本人の行動を見ているということです。この国は軍事政権が長く続き、日本と同じように人々が自由に意見を言って生きていける社会ではなかったのです。このことを頭の片隅に置いておくと、「見た目と本質があまりに異なる」ミャンマー社会に点在する不思議が、少しずつ読めてくるようになります。

22 仕事をしたければ、「黙って食べる」の限界を超えてみよう

国や地域が変われば、食文化も変わります。日本では口にしない食材を常用食としていたり、日本のように様々な調味料を用いた、豊富なメニューを日替わりで食べられるとも限りません。

実際に、ミャンマー人の夫の実家で生活していたとき、私の前に言葉の壁とともに、食文化の違いの壁が立ちはだかりました。夫の実家では私たち夫婦のほかに、夫の家族と、義父が経営するホームセンターの従業員を含めた総勢18名で同居していました。

そこで、夫の妹が雇ったミャンマー人家政婦さんが、毎日の料理を担当していたのですが、おそらく料理の腕を判断する前に雇ったのでしょう……。毎日の献立は赤唐辛子をたっぷり使った、辛い空芯菜炒めのみで、義父も「まずい」と言いながら真っ赤な空芯菜炒めを無視して、バナナやマンゴーを白米と一緒に食べていました。

家政婦さんの料理がまずいなら、はっきりと言えばいいのにと思っていましたが、義父が「この家政婦が退職したら、娘に負担がかかるから」と我慢している以上、嫁の私が文句を言うべきではないと耐えていました。しかし、毎日真っ赤な唐辛子の入った、刺激の強い料理を食べているものですから、私の胃が悲鳴をあげています。キリキリ痛む胃に生命の危機を感じ、ついに自炊を決意して、スーパーで砂糖や醤油、みりんなどを買い集めて肉じゃがを作りました。

料理に砂糖やみりんを入れているのを見た家政婦さんは、従業員のところに行ってミャンマー語で「料理に砂糖なんか入れているよ」、「この煮干しは唐辛子や野菜と炒めるものなのに、水と一緒に煮ているよ」と会話をしています。当時の私は、ミャンマー語とラカイン語の語学力はお粗末なものでしたが、悪口を言われていることくらい理解できます。日本料理を見たことがないミャンマー人たちが、私の料理を奇異な目で見るのは仕方ありません。それでも、ミャンマー人に囲まれて、言い返すほどの語学力がない状況は、結構なストレスになりました。

ところが、ミャンマー人家族は私が作った肉じゃがを完食し、言葉にはしないけれどおいしいと感じたようでした。以後、夫の妹はデパートであごだしを買ってきたり、野菜炒めの味付けに砂糖やみりんを使うようになったのです。直接褒めたりはしてきませんが、相手の国の人間が黙ってこちら側の行動を真似てきたときこそ、この国の人に認められた瞬間だと実感しました。外国の文化を知ってもらうためには、まずは行動あるのみ。口で説明するよりも、現物を見せて体験してもらうほうが早いのです。

そして、外国の文化を理解するという点については、私たちが理解する側に立ったときも同じです。夫は「ミャンマーでは毎朝マメと米のチャーハンしか食べられない貧しい子どももがいるんだから、この国にいる間は食べ物にグダグダ言うな」と言います。しかし、先ほど述べたように、毎日慣れない激辛料理を食べるのは、限界があります。それでも、何はともあれまずは食べてみる。「唐辛子は辛い」、「表面が真っ赤になった煮込み料理は唐辛子がいっぱい入っている」という一般的な常識や知識を気にせず、とにかく食べてみます。

まずいと感じたら、無理して「おいしい」と言う必要もないし、すべて食べなくてもよいのです。とにかく、試しに食べてみることを繰り返しているうちに、本当においしい料理にたどりつきます。ある少数民族のミャンマー人に歓迎されて出された肉が、ねずみの肉だったことがありますが、ねずみの肉も味付けによっては意外に食べられます。食べているときに、「ねずみは地下鉄の通路や排水溝に住んでいて駆除すべき害獣」という、日本の一般的な意識はまったくありません。

「これはミャンマーの食べ物。私はこの国の人と結婚し、この国の血を引く子どもふたりを育てていて、この国の人々と仕事をして、この国の人々と生きている」と思っただけです。

食べ慣れてくると、舌が異国の味に抵抗しなくなり、おいしいものを選べるようになります。自分の舌で、異国料理の中からおいしいものを選べるようになれば、外国で生活するのも楽になるでしょう。参考に書きますが、ミャンマーの肉料理はねずみがメインというわけではありません。鶏、豚、牛、羊、魚、烏賊など、様々な素材があります。
食文化の違いは調理法だけでなく、食べ方の作法も含まれるのですが、まずは相手の国の人を真似てみるのがよいです。私はミャンマー料理の骨つき肉を、ミャンマー人のように軟骨を噛み砕くことができなくても真似てみました。苦手な青唐辛子を自分の皿に盛り付けないようにするなど、多少のズルをしても、ミャンマー人の真似をするのです。すると、「何でも食べるようになった」と言ってもらえるようになり、そこから先は信頼を得るのが速くなります。信頼を得れば、一緒に仕事をしやすくなり、仕事に協力してくれる人も集まりやすくなります。

外国人と仕事をするうえで、異国料理を食べられるほうがいいというのは私の考え方ですし、異国料理を食べられなくても外国人と仕事をしている人はたくさんいます。大事なのは、その国の人々に尽くしていると、現地で認めてもらって仕事をやりきることです。もちろん、人間は一緒に仕事するだけで理解し合うのは時間がかかるし、異国の地で仕事をやりきる道のりは長い。だから、近道として「同じものを何でも食べる」ことを提案したまでです。

繰り返しますが、外国で仕事をするときは、その国の人々に認めてもらうまで、仕事をやりきることが大切です。日本人による仕事を、日本人に評価してもらえたとしても、「この日本人は私たちの役に立っている」と、その国の庶民と呼ばれる人々に認められてはじめて、成果が出たと言えるのではないでしょうか。

少数民族州シャン州インレー湖の郷土料理。ミャンマーは民族ごとに異なる料理がある。
〈撮影：著者〉

第3章 ミャンマー流ビジネスへの理解

23 ホウ・レン・ソウは重要ではない

報告、連絡、相談の「ホウ・レン・ソウ」は、日本のビジネスで必須とされるマナーです。上司や同僚に報告、連絡、相談をして仕事上のチームで情報を共有すれば、何事もスムーズに進めることができると言われています。

ところが、ミャンマー人とのビジネスに「ホウ・レン・ソウ」を期待しても、いちいち「ホウ・レン・ソウ」をする習慣がないので、よい結果は得られません。「ホウ・レン・ソウ」を重要視していないのですから、日本人相手にも当然のように「ホウ・

レン・ソウ」をしてこないのです。いちいち「無言」を気にしていては、気力が奪われるだけですから、「ホウ・レン・ソウしなくても仕事が回っていて、成果が出ればよし」と思っていたほうが、自分の仕事のモチベーションが長続きします。

ただし、こちら側が知りたいことがある場合、ミャンマーのスタッフに逐一聞いてまわらなければなりません。日本とミャンマーで国をまたぐ場合、国際電話をかけるなど非常に手間がかかるのですが、この手間なくして人は動いてくれません。何より、経験上相手に「ホウ・レン・ソウ」を徹底指導するよりも、自分で聞いたほうが効率的だと感じています。

ミャンマーで部下の自主性を重んじていては、仕事がはかどりません。部下には1から10まで手取り足取り教えるものなのです。日本人同士なら「ホウ・レン・ソウ」は効率的かもしれませんが、相手の国の習慣をよく見極めてください。「ホウ・レン・ソウ」を強要するより、いざというときに指示を聞いて、利益を生んでくれるスタッフと、友好的な関係を育むことのほうが重要だと気付くはずです。

外国人スタッフに、日本人と同じ過程を踏ませる必要はありません。成果を出すために「同じ目標」を見てくれるだけでありがたいのです。

24 組織ではなく「人」につく法則

日本のビジネスは、個人よりも組織で行うことを重視します。大企業や伝統ある組織などは、中小企業や個人事業主より信頼を得やすい風潮があるため、中小企業は集客に苦労するのです。日本人はビジネスに財力や企業力を重要視しがちなのでしょう。

さて、ミャンマーではどうでしょう。もちろん、大企業のサービスは利用されていますが、大企業を信頼して利用しているというよりも、「大企業は国民を人権弾圧する軍事政権の財界部隊だったが、彼らのほかにサービス提供主がないから利用するしかない」という感じがします。つまり国民は、大企業を全面的に信じているわけではないのです。一般的なビジネスでミャンマー人を動かすときの鍵となるものは、企業のブランド力よりも、リーダーの人間力です。

一部の人が富と権力を握るミャンマーでは、組織のバックグラウンドがない人のほうが多数派です。ですから、日本みたいに「一流企業に勤めるブランド感」のような感性がありません。医者の中にはこうしたプライドを持っている人もいますが、「○○商事に勤めている」と、所属組織に基づいた自慢をする人は少数派なのです。

そのかわりに、「自分は外資系企業の人々とつながって、数多くの事業を展開した」「自分は某大臣と面会して、ミャンマーの行政改革を訴えた」といった個人業績を話す場面が多くみられます。ミャンマー人は組織より、個人の人格と働きを重視して相手を信頼しますし、人への評価についてもこんな表現がされる国です。「金はないが人（人脈と人々からの信頼）は持っている」と。実際にミャンマー人は自分を直接助けてくれた人を大事にするため、財力や組織力がなくても、多くの人々から信頼され、幅広い人脈を持つ人がいるのです。

そのことを踏まえ、日本のとある一部上場企業の失敗例を紹介したいと思います。現地を担当する日本人社員が着任すると、彼はミャンマー人の前で第一声をあげました。

「われわれは、日本を代表する企業というより、世界のA株式会社。世界80カ国に販売網を広げている。さらに、今後われわれに必要となるミャンマーの情報を教えてほしい」と。

日本ではたくさんの業者が、世界のA株式会社にひれ伏しているのでしょう。しかしミャンマー人は日本の組織力にそこまで平伏しないし、忠実に言うことを聞くわけではありません。何よりも、この時点では組織力に魅力すら感じていないでしょう。彼らはまず、所属する組織力よりも、目の前の日本人がどれだけミャンマーに貢献できるかを考えています。

ミャンマー人はソフトな物腰と表情の裏で、相手は周囲からどれだけ信頼されているか、人を騙したりしないか、海外でやっていけるほどタフか、これまでどれだけミャンマーに貢献してきたか、総じてどのように人生で困難を乗り越え、生き抜いてきたかを判断しています。相手の人間力を見極めて、情報をどれだけ提供するか決めているのです。

例の、世界のA株式会社社員は、結果的に有益な情報を得られませんでした。ミャンマー人から、「信頼」を得ることができなかったからです。そしてミャンマー人は、この社員について、あれこれ言うのです。

「あの係長、自分の会社がグローバルカンパニーとか言いながら、ミャンマーでは貸事務所ひとつ探せないじゃないか。世界で活躍できてもミャンマーでは勝手が違うんだよ。まあ心はきれいかもしれないけど」

「あそこまでミャンマーを知らないなら、現地の詳しい人を雇わないと、彼らのミャンマー事業は失敗するな」

「情報がほしいなら、それなりの対価が必要だって」

「大企業でもこういう人材だよ。狡猾な中国のビジネスマンに、日本人はミャンマーで勝てるのかね」

繰り返しますが、ミャンマー人は、組織力よりも信頼できる人についていきます。ミャンマーでビジネスをする私は、常にミャンマー社会で自分の行動と人格がチェックされ、ほうぼうで評価されていると思いながら生きています。そしてそれは、あながち間違いではないと信じています。人に悪いことをせず、善行を心がけて人間力を磨く。いつもこれを心にとめながら。

25 相手に利益を提示せずに働いてもらおうと思わない

日本はアルバイト生活でも衣食住にこと足りる経済発展国ですから、就職活動では仕事へのやりがいを考える人も多くいます。

一方で、ミャンマーでは仕事のやりがいなど考慮に値しません。いかに「高額の給与を稼ぐ」かが第一優先事項で、それによって生活水準を上げることが、仕事の意義につながります。その日暮らしでない生活、マンションや車の購入、子どもの高等教育、ハイテク医療と、お金がないと享受できないものがありすぎるからです。

ミャンマー人求職者の面接時に、いきなり自分たち日本企業の仕事の意義や、ミャンマーへの社会貢献度を語っても、馬耳東風です。私はミャンマー人スタッフを雇う場合、仕事の説明をした後に、いつもこう聞きます。

「いくらの給与だったら、この仕事をやってくれますか？」

仕事の意義は二の次三の次だから、語る必要はないのです。それよりも、彼らにとって一番のモチベーションとなる、給与の捉え方を確かめるほうが重要になります。そして彼らの希望を聞いた後、これだけの給与額は出せると約束する。一番初めに、彼らのもっともほしいものを出せるとアピールするには理由があります。

「お金になるなら本気を出す」の項で綴ったかと思いますが、ミャンマーでは相手に利益を出さずして、人に働いてもらおうと思ってはいけません。利益がなければ、働かなかったり、無視したり、騙したりする人がいます。

生活に余裕がない人々が多い社会では、利益のないことで動く時間もお金もありません。「仕事の夢を見てメシを食えるか」というのが、彼らの本音です。仕事における社会的意義を強調する日本人は多いけれど、発展途上国の人々は、先進諸国の人々が進出してくるときにこのようなセリフを必ず聞きます。

「あなたの国に貢献したいと、心から思っています」と。正直なところ、彼らはこの言葉を「聞きあきている」のではないかと思います。なぜなら、ミャンマーに進出したい日本企業から、私がいやというほど聞かされているセリフでもあるのです。

もちろん心の底からミャンマーに貢献したい人も企業もいますが、自分の利益ばかり追求している人も大勢います。しかしミャンマー人は、「本当に他国に尽くしたい人は、わざわざ貢献したいなどと口にしないで、真っ先に行動しているよ」と、いとも簡単に相手の本心を見破ります。

ミャンマー側の本心は、「外資系企業が事業を行えば、ミャンマーが発展して社会がよくなるとか、そんなキレイゴト言って、おたくの国の利益にならなければ、ウチの国で活動はしないでしょう。だったら、どれだけミャンマーに貢献できるか見てみようじゃないか」という考えに近いでしょう。もちろん、先進諸国がどれだけの投資金を出してくれるか、大いに期待してのことです。

ミャンマーのある高級官僚のセリフを引用しましょう。

「われわれはビルマ（以前のミャンマーの国名）を占領した日本に対して、第二次世界大戦後、そこまで口うるさく言わずに日本と国交を回復した。ミャンマーは、中国や韓国のように、長々と戦後補償で文句を言ったりしない。だから日本は、ＯＤＡでも投資金でも、いくらでも出していい。そうすれば、他の投資国より日本を優遇するかもしれない。来月は韓国とドイツに招待されているけどね」

これはミャンマー人同士の会話で言っていたことで、日本人に向かってこんなことを発言するミャンマー人はいません。しかし、私はなるほどと納得しました。「利益を提示せずに働いてもらおうと思わない」というミャンマービジネスの不文律がよく表れていたからです。

26 発展途上国の国民すべてが発展途上と思わない

誰だって、自国以外では外国人になります。そして、その国の文化や慣習を知らなければ、その国で恥ずかしい所作をしてしまうことがあるでしょう。

日本にいるミャンマー人にとってもおなじです。日本の習慣と合わないことをしてしまい、日本で開かれるべき扉が開かなくなってしまった場面を、私は何度も見てきました。逆に自分がアメリカに行ったとき、お金持ちのアメリカ国民だけに開かれる扉とも知らず、扉を開けようとした私の目の前で、無情にも扉を閉じられてしまった経験があります。

このような、外国人に対する「自国民との扱いの違い」は、単純に「異文化圏の人間とは相容れない」という意識から起きるものではないと、私は考えています。人間関係やビジネスにおけるパワーバランスは、豊かな生活基準を満たしている国側の人間が持つものだと思っている人が多いのです。もっと平たく言えば、発展途上国の出身者は、その人個人も発展途上であるというレッテルを自ら貼っているのです。

おおざっぱにみて、経済大国や先進国と呼ばれる国出身の人々は、発展途上国の人々よりも自由や平等を多く獲得しています。一方で発展途上国の人々は、先進諸国出身者よりも努力をしないと、同じ生活水準を確保できません。自由や平等が憲法で謳われている国家でも、人によって獲得できる自由や平等が異なるのが現実です。

もちろん個人差はありますが、発展途上国であるミャンマーに暮らすミャンマー人が、まっとうな住居、車、教育を得ようと思ったら、家族と離れ離れになる覚悟をして海外に赴き、先進諸国の国民がやりたがらない３K労働に従事することになるでしょう。それも、何年もこうした生活をして、ようやく先進国における低いレベルの生活水準を獲得できるのです。

ところが先進諸国の出身者は、海外に出稼ぎに行って家族離散することはないし、努力せずとも、低価格で最低限の公教育を受けることができます。努力すればマンションも車も買えるでしょう。

先進諸国の人が努力をしていないと言いたいわけではありません。ただ、発展途上国の人々との違いは、彼らは経済格差による不条理を身にしみて実感し、受け入れて生きているということです。だから、人間が磨かれるのです。

発展途上国の人々は驚くほど忍耐強く、人に寛容。そして、人を見る目があり、臨機応変の対応ができて、ピンチに強い心を持っています。そして、多言語対応能力を磨く勤勉さも尊敬できるポイントです。

日本で、日本流とは異なるやり方をしている発展途上国出身の人すべてが発展途上とは限りません。彼らには、日本人にない能力を備えていることが多いのです。それを生かせば、日本社会にも、日本企業のビジネスでも有益になり得るでしょう。

日本人を含めた先進国の人々は、自国に来た外国人ほど困難を乗り越える必要がないから、自分たちが持っていない外国人の能力を見ようとしないのです。海外ビジネスに関わるなら、よく目を凝らしてみましょう。日本人と違うことをする人々の中に眠る潜在能力を見極め、こうした人々が大勢いる海外で、日本のビジネスピープルが利益を生む方法を考えるべきなのです。

27 ミャンマーの大企業と利権、悪徳組織

日本人がサービスを選ぶとき、「大企業だから信頼できる」という、企業の規模と企業の業務年数などが、ひとつの物差しになっていないでしょうか。また、本田宗一郎や松下幸之助など、大企業の創始者を尊敬する風土もあるでしょう。しかし、この物差しをそのままミャンマーにあてはめると、不可思議な感覚に陥ります。

ミャンマーではこれまで、軍事政権関係者とのコネクションがないと、大企業になりえませんでした。そもそも、社会主義体制で大企業に成長させることは、経済的な平等社会主義の原則からみて無理があります。それなのに、大企業は存在します。このような大企業は政商と呼ばれ、いずれも軍事政権で独裁を振るった軍人との関わり

があります。そして便宜を図ってもらい、貿易の権利や開発の権利などを独占して成長していったのです。

本来入札で公示されるべき政府の業務や、鉱山開発、貿易に至るまで、ミャンマーに自由競争はありませんでした。

それから、ミャンマーで大企業を設立するやり方に、麻薬関係の植物栽培や密売によって富を蓄積する方法が隠れています。中国国境付近の出身者で、ケシの花の栽培や密売をしていた麻薬王がいました。そこで稼いだ金を使って、銀行や商社などコングロマリットと呼ばれるミャンマーの大企業を設立してきました。現在、こうした政商の社長たちは、だいたいが麻薬関係の商売をしてきた初代から二代目の人々です。

資本主義の競争社会にさらされて大きくなった日本の大企業に対し、政商たちの企業は市場競争で利益を得て経営規模を拡げてきたわけではないので、彼らの行動や経営手法があまりにもノープランすぎて驚かされることも多々あります。

政商の存在は過去のものではありません。2015年11月のミャンマー総選挙では、アウンサンスーチー氏率いる民主化勢力の「国民民主連盟」が過半数以上の議席を獲得しましたが、政権移譲の2016年3月末まで、現状の軍事政権は続きます。この過渡期に、日本の大企業がミャンマーでビジネスを行う場合、政商や元麻薬関係者の企業とパートナーシップを結ぶことがあります。政商たちがミャンマー国内や欧米諸国から批判をされているのは、かつて彼らの一部が農地を収奪して住宅地開発を強行したり、成功したとは言えない軍事独裁政権時代のコネクションを使い、独占的にビジネスを行ってきたからです。

こうした偏ったビジネスは、一部の人にだけチャンスが与えられ、一部の人にのみ富を与えられる経済社会を生みだしました。ミャンマーの民衆の多くが、いい顔をするはずがありません。

国際的にみても、政商たちは「招かれざる客」です。アメリカでは「ブラックリスト」に載っていて、アメリカへの入国すら認められません。しかし日本企業の多くは、政商たちに「ぜひいらしてください。一緒に仕事をしましょう」と言います。アメリカの基準が正しいとは言い切れませんが、政商を認める日本企業のやり方を、ミャンマー人から肯定的にみられてはいないことは確かです。

28 インターナショナルとは欧米諸国との付き合いだけではない

最近は子どもの習い事や学校で、「英語」教育が盛んに行われています。大学でも「国際経済学」や「インターナショナル〜」、「グローバル〜」などの名称の学部が目立つようになりました。世界で活躍することを見据えた教育ということで、自然と言語教育に力が入るのでしょう。そのなかでも一番重要視されているのが、「英語」のようです。

確かに、世界を舞台にしたビジネスシーンでは、世界共通語とまで言われる英語が理解できれば、意思疎通に困ることはないでしょう。学術面でも、論文は英語表記が一般的とされているので、世界で活躍するには必須言語だと言えます。ビジネスや学術以外にも、旅先でお互いの母国語が理解できなくても、英語なら何とかコミュニケーションがとれることもあります。しかし、「英語」は本当に「言語の王様」なのでしょうか。英語を世界の共通言語として認識するあまり、英語を第一言語とする国や人を重視しすぎてはいないだろうかと思うのです。

ビジネスや学術シーンでは「英語」が基準になりがちですが、英語も世界中にある様々な言語や、民族独自の言葉、方言と同様に、「地域性のある言語」のひとつです。言い換えれば、世界には英語が通じない地域がたくさんあり、自国以外の一般的な生活を、一般家庭レベルから理解しようとするためには、英語だけでは事足りないことのほうが多いのではないでしょうか。

私は15年ほどの間に東南アジアの国々を回り、ミャンマーに関わる仕事を中心に行っていますが、経験上世界という広い範囲で活躍するためには、「英語はある程度習得しておいて、残りは現地で話されている多くの言葉を覚えるほうが、はるかに学びの成果や世界に対する理解度が高まる」と考えています。

海外ビジネスで成功している人は、現地の言葉を学習して、現地の人から信頼を得て交渉をして、母国と外国をつないでいます。現地の言葉を習得できない環境にいる場合、現地の秘書を雇い、交渉相手の母国語で交渉を進めるのです。日本人は「第二言語」として英語、「第三言語」としてフランス語、ドイツ語など、経済大国が集中するヨーロッパ圏の言語を好んで学ぶ節がありますが、現状の世界情勢を見渡せば、発展地域がアメリカやヨーロッパから、ロシアや中国、アジア圏に移行しているのがわかります。日本経済発展のためにも、私たちは将来的に経済活動圏を拡大移行していくと予想されます。その際、「英語」だけで勝負ができるでしょうか。

英語が堪能なAさんと、英語はそこそこだけどトルコ語とベンガル語が話せるBさんがいたとしたら、今後はBさんのほうが活躍のチャンスがでてくるでしょう。

日本人が総じて、経済大国の言語を「第二言語」「第三言語」としてマスターするよりも、「英語少々、ミャンマー語とアラビア語少々」とか、「英語は苦手だけど、中国語とヒンドゥー語は日常会話レベルまでなら理解できます」という人が増えるほうが、日本人が付き合える国や人の数が増えて面白くなると思います。もちろん、各地の言語習得した人の数だけ、ビジネスチャンスも広がるでしょう。

そもそも、他国の言語を「第二、第三言語」と呼ぶことに違和感を覚えます。私たちにとっては第三番目の言語かもしれませんが、その国に行けば「第一言語」なのですから。

ここまで、私は付き合う相手の国や地域の人を知るためには、彼らの言語を学ぶべきだと言いましたが、実際問題、言語習得までには時間と労力がかかります。なかには苦手意識から、単語一つ覚えるのも苦労する人もいるでしょう。その場合、完璧にマスターしなければならないという概念を捨てて、「せめてその国、人と付き合う間だけはできる限り学ぶ」くらいの意識でもよいのです。相手からみても、母国語を覚えようとしてくれる外国人に、悪い気はしないと思います。長く接していれば、徐々に言葉の意味や歴史的な背景も自然と理解できますし、付き合いの範囲も広がり、気がつくとある程度喋れるようになっていることもあります。

また、少しでもその国の言語を理解していると相手が認識してくれると、いい感じの緊張感も生まれてくるはずです。つまり、「この人はミャンマー語がわかるから、うかつなことを言えない」と、外国人だから高い代金で取引しようなどというごまかしを防いでくれることもあるのです。言語は双方の心をオープンにします。どの国や地域の言語も、「英語」と同じように尊重されるべきで、日本では活躍の場面が少ない言語であっても、今後の国際化社会の中で生かされる場面が増えてくるはずです。

現在の英語圏重視の「インターナショナル」思考は、多くの人の視野を狭めてしまう可能性が否定できません。世界はもっと広く、多様な文化が存在しているのですから、欧米諸国に一極集中せず、それぞれの国や地域に興味を持ち、尊重することで、企業や個人の発展に生かすべきではないでしょうか。

29 難民の存在と傾向

「難民」と聞いても、ほとんどの人が、身近な存在だと思わないかもしれません。ニュースや新聞で目にする、遠い国の話だと思っている人もいるでしょう。２０１６年現在、日本での報道の多くが、中東シリアの内戦により生まれた、「難民」についてです。「内戦」という状況自体、日本人にとっては非現実的なのかもしれません。しかし残念ながら、同じ土地で暮らす人同士が、資源や財源、権力や思想、宗教、土地など様々な要因が複雑に絡み合って、武力でぶつかりあっている地域が確かにあるのです。そのような場所で、満足な衣食住を望むことは難しく、止むを得ず祖国を離れなければならなくなった人たちが、難民として平穏な暮らしを求めて国を越えていきます。

しかし、やむを得ない事情で母国から逃れた人たちの多くは、逃げた国で仕事を見つけているわけではありません。難民たちは、すぐに平穏な生活を送れるとは限らないのです。

難民への対応は、受け入れる国によって様々です。自国の経済圧迫を懸念して難民流入を拒む国があれば、労働力として受け入れを表明する国もあります。受け入れるにしても、難民の最低限の生活を保障するための支援や保護制度維持には、莫大なお金を要します。一度に数百万人規模で難民を引き受けるのは、経済的負担により一国では厳しいでしょう。そのため、難民条約が国際規模で定められ、143の国が、難民条約加盟国として、難民受け入れをしたり、財政支援を行っています。

日本も1982年より難民条約加盟国として、一部の難民を受け入れています。そのため、難民を生命や自由の脅威にさらされる恐れのある国へ、強制的に追放、帰還させることはありません。

私の夫は、1980年代後半に生じたミャンマー民主化デモにより難民として日本へやってきました。日本国内には、ミャンマー人の難民のほか、ベトナム戦争で逃げてきたベトナム人やカンボジア人といったインドシナ難民などが暮らしています。日本は、「認定難民」と「定住難民」を受け入れています。認定難民は、難民が法務省へ自主的に難民申請を行います。定住難民は、インドシナ難民のように、難民キャンプから再定住の場として日本に来た難民を指します。法務省ホームページ「我が国における難民庇護の状況等」によると、2014年までに受け入れた難民の数は、認定難民が633名、定住難民が1万1405名となっています。

もっと受け入れるべきだと答える人も、治安維持や経済負担の観点から積極的に受け入れるべきではないと答える人もいるでしょう。人道的な判断だけでは、難民を支援することが難しいのが現状です。これは日本に限ったことではなく、世界中で協力し、よりよい支援策を見出さなければなりません。

国連難民高等弁務官事務所が中心となり、難民条約加盟国に難民受け入れや支援を働きかけていますが、2014年の時点で、もっとも難民を受け入れている国の多くが、発展途上国です。国連難民高等弁務官事務所ホームページ内で発表された「数字で見る難民情勢（2014年）」によると、難民を受け入れている国トップ3は、トルコ、パキスタン、レバノンとなっています。

先進国が難民受け入れに慎重になる理由は様々です。先にも述べたように、治安維持や経済負担だけでなく、就労支援制度が未熟だったり、国民の理解が足りないといった、政治的理由も挙げられます。また、難民とカテゴライズするにも、自国にとどまる避難民や、政権交代などで基本的人権を剥奪され、他国に庇護を求める人もいます。なかには、外貨獲得のために難民申請を行う「経済的移民」も存在し、難民と移民の区別が年々難しくなってきています。日本に来て難民申請をする人すべてを難民と呼べるのか、明確に区別する術を模索しているのが現状です。

本当に支援が必要な難民に、支援を行うことは必要です。一方で、ある地域に大量の難民がおしよせると、その地域の人口比における民族構成が変わります。難民問題は、人道支援をすべき問題ですが、同時に「民族移動」の意味を持つことがあります。一国の民族構成を変える可能性を秘め、国の形や移民政策を問い直さなければならない。これが難民問題の根底にあるのです。

第2の都市マンダレーを走るバス。電車が発達していないミャンマーで、バスは重要な移動手段だ。
〈撮影：著者〉

著者とミャンマー人の夫の仏式結婚式。寺院にて僧侶200人の食事代を寄進する。
〈撮影：著者〉

第3部

海外ビジネスで成功を得るために「知るべき」現状

バガン仏教遺跡、シュエサンドーパヤーの階段。
〈撮影：著者〉

第1章　ミャンマーの歩みと歴史

30　ビルマからミャンマーへ

この章では、ミャンマーについてより深く語ろうと思います。その前に、ミャンマーという国について、簡単に説明しましょう。

まずはミャンマーの全体像について。ミャンマーの国土面積は、およそ68万平方キロメートル。日本の約1・8倍の広さです。人口は5141万人（2014年9月入国管理・人口省発表）で、日本の半分ほど。首都はネピドーですが、経済的中心地はヤンゴン、もしくはマンダレーという他の都市部です。

多民族国家と呼ばれていますが、ビルマ族が人口の70パーセントを占め、ほかは少数民族と呼ばれるカチン、チン、ラカイン（アラカン）、カレン、カヤー、モン、シャンなど、135の民族で構成されています。言語はビルマ語（ミャンマー語）を共通語として日常生活で使用されていますが、同じ民族の仲間や家族同士では、ほかの少数民族語を用いることもあります。ほかの民族との結婚もありますので、そうした家庭の子どもは、たとえばシャン語とカレン語、ビルマ語を理解するトリリンガルになったりします。ただし、両親のどちらかがビルマ人の場合、子どもがビルマ語だけしか理解せず、少数民族出身のほうの親の言葉は、聞き取れる程度にとどまるケースも珍しくありません。

日本人がミャンマーでビジネスを行う場合、ビルマ語の習得だけでなく、付き合う相手が話す少数民族語に興味を示すことで、より親密な関係を築けるかもしれません。母語について知りたいと思ってくれる相手を、悪くは思わないでしょうから。

さて、宗教についても説明しましょう。ミャンマーでは仏教徒が90パーセントほどを占めていて、熱心な上座仏教徒が多くいます。ほかには、カチン族、カレン族、チン族の一部がキリスト教徒です。また少数ですがイスラム教徒も暮らしています。

ミャンマーの歴史は、ほかの世界史と同様、戦乱と統一の繰り返しで形作られてきました。諸部族割拠時代を経て11世紀半ば頃になると、ビルマ族による最初の統一王朝（パガン王朝1044年～1287年）が成立。パガン王朝成立時代の支配地域は、現在のミャンマーよりも狭い地域にとどまりました。なぜなら、モン族やラカイン族は独自の王朝を築いていましたし、シャン族などほかの民族も、それぞれが支配地域を有していたからです。こうした複数の民族が戦いを繰り返し、タウングー王朝、コンバウン王朝などを経て、1886年にイギリス領インド帝国に編入されます。

1942年から1945年までは日本の平定地となり、第二次世界大戦後はイギリス領に戻り、1948年1月4日、「ビルマ連邦」として念願の独立を果たしました。

ビルマ連邦はその後、国名を「ビルマ連邦社会主義共和国」に変更して、現在は「ミャンマー連邦共和国」となっています。英語表記の国名が「ビルマ」から「ミャンマー」に変わったのは、1989年のことです。しかし、ビルマ語ではミャンマーもビルマも、元は同じ言葉です。話すときには「バマー（ビルマ）」、書くときには「ミャンマー」と、長く使われていたのです。

国名変更の理由について、当時の軍事政権は「バマー（ビルマ）はビルマ族を指し、ミャンマーは少数民族を含む国民全体を意味する」と説明しています。これは、「ミャンマー」はビルマ族だけでなく、少数民族も同じように国民であると強調したものですが、民主化勢力を中心とした人々は、「軍事政権の国名英語表記は政府が勝手に変更した」と言い、「ビルマ」を使い続けました。


現在もミャンマー人の中には、時と場合により「ビルマ」と「ミャンマー」を使い分けて話す人がいますし、少数民族とビルマ人すべてを「ミャンマー」とする解釈を信じている人もいます。

国民民主連盟（ＮＬＤ）代表のアウンサンスーチー氏は、ミャンマー語で国民にスピーチするときは「ミャンマー」、英語での記者会見時は「ビルマ」と言ったり「ミャンマー」を使ったりします。ミャンマー人によって、ビルマと呼ぶか、ミャンマーと呼ぶか、あるいは両方使うかが違いますし、そこに各人の政治思想や考えが含まれていることがあると心に留めておくとよいかもしれません。

31 なぜミャンマー人の難民が生まれたのか

ミャンマーはイギリス、日本の植民地支配を経て、１９４８年に独立しました。その前年の１９４７年、ビルマ人の代表アウンサンと、少数民族シャン人、カチン人、チン人の各代表は、ビルマがイギリスから独立する際は別々の国家をつくるのではなく、連邦制を採用して各民族が自治権を持つことに合意していました。これはパンロン合意と呼ばれる会議で、現在のミャンマーが連邦制を敷くとする根拠となっているのです。

しかし独立当時、ビルマ族以外の、各少数民族の動きは一致しませんでした。同じ民族が多く住む地域で自治権の確保を確認して、ビルマ（現在の国名はミャンマー）の連邦制に入ることを望む民族と、イギリス領のまま後ほど独立を目指すことを望む民族がいたりしたのです。

さらにこの連邦制は、ビルマ族中心の中央政府によって骨抜きにされることになりました。少数民族地域に多く存在する鉱山、天然ガス、ダム建設に使える河川などの資源は、中央政府の収益となり、地元の少数民族の利益配分につながらなくなったのです。パンロン合意はいまだ実現していないのです。

このことに反発した少数民族は、民族の自治を志向して政治組織や軍隊を結成し、中央政府軍と戦ってきました。少数民族とビルマ族の争いは60年以上前に勃発したものですが、現在も存在するミャンマーの国内避難民と呼びうる難民は、このような国内紛争により生じたのです。

ミャンマーは多民族国家なので、国を安定させるためには少数民族と多数派ビルマ族を平等に扱い、少数民族が納得する形で少数民族地域の政治を行うことが必要不可欠です。

この問題は、ミャンマー議会で民主的な政党の議員が多数を占めたとしても、単純に解決するものではありません。いまだに少数民族の間には、ビルマ族への不信感が残っています。

そして1962年の軍のクーデターから、「社会主義を敷く軍事政権」に移行したミャンマーは、経済的な鎖国状態により経済が逼迫《ひっぱく》します。そのしわ寄せが国民に来ることは必然的で、これを見かねた学生たちが中心となって発生したのが、１９８８年の民主化運動です。

民主化運動は軍事政権により弾圧され、多数の死傷者を出しました。これ以降、ミャンマー人難民が世界各国に亡命するようになり、今日に至ります。

ミャンマー人難民は、単純に軍事政権の弾圧を逃れた難民だけでなく、少数民族ゆえに住む場所を追われた難民もいます。難民の背景を見ると、ミャンマーがどのような歴史をたどってきたか探ることができるでしょう。民主化活動を展開してきた難民は、現在、多くがミャンマーに入国できるようなりました。しかし、一部民政移管した２０１１年以降、スムーズに帰国できなかった民主化活動家もたくさんいます。また、今なおタイ国境の難民キャンプで生活している、少数民族の難民も忘れてはいけません。ミャンマーは経済的に発展しつつありますが、こうした難民が存在している現状も、知っておく必要があると思うのです。

32 難民は無能ではない

日本に住む難民は、居酒屋やレストラン、ホテルなどのキッチン業務や清掃業務を行う人が多いです。なかには独立して飲食店を立ち上げる人や、会社を設立して日本とミャンマー間のビジネスに従事する人もいます。

難民というと、自活できない人々というイメージがあるかもしれませんが、人は必死になれば、慣れない外国にいても生活の術を身に付けることができます。彼らは日本人がやりたがらない３Ｋ労働でも、時給が高ければ積極的に行って生活費を賄っているのです。

こうした難民は、母国の知識をふんだんに持ち、同時に日本の商習慣もある程度知っているので、日本と母国をつなぐ架け橋になれます。ミャンマー人難民に限って言えば、日本人がミャンマー語を学び、ミャンマーで何年も生活したとしても得られない情報を、ミャンマー人難民は持っています。ビジネス進出に必要な文化的慣習、言語、国の情勢などです。実際に、私の会社のミャンマー人難民社長は、日本の各省庁や地方自治体、民間企業などで通訳やビジネスコンサルティングを行ってきました。

一例を挙げましょう。ミャンマー人の来日客の行動をすべてチェックしつつ、一緒に行動することは、日本人では限界があります。

日本へ研修にきたミャンマー人が研修期間中の2連休をつかい、両日とも大仏に行きたいと言った場合、日本人は「何で2日間も大仏見学なんですか」とあきれるでしょう。さらに、夜中の2時まで毎晩飲み食いする際も、「メニューが日本語で読めないから、一緒に行きましょうよ」などと誘ってくるのです。明日も仕事がある日本人は、「早くホテルに帰って寝てくれ」と思い、毎晩2時までは付き合えないと疲弊するはずです。

しかしミャンマー人同士なら、「仕方がない。日本の鎌倉大仏を拝むと、何でも願いが叶うとミャンマー人は信じている。それに、これがミャンマー人研修員にとって最初で最後の来日のチャンスかもしれない。この来日のチャンスをつかむまで、彼ら、彼女らは組織内で努力してきた」と同情できるので、何日も大仏拝観するにも、毎晩の飲食にも付き合うことができます。

ちなみに弊社の難民社長は、鎌倉大仏に参拝を希望するミャンマー人を何度も連れていっているため、鎌倉大仏のスタッフから顔を覚えられ、参拝のたびに「今日もいっぱいお客さん連れてきたね」とキーホルダーなどプレゼントをもらうようになりました。

日本に住む難民と、どうやって地域社会で付き合っていけばよいのでしょうか。答えは簡単で、単に近所付き合いをすればいいのです。友好を深めていくことで、難民が日本社会に協力したいと思うようになります。これが一番大事だし、日本にとってプラスになります。

大学や研究機関で論文を読み、対策を検討することも大切ですが、それよりも近隣の人々との付き合いのほうが、難民と日本社会の共生に効果があると考えています。もっとも、日本人は難民と外国人を区別しにくいでしょうから、外国人と日本人という人種の差をあまり区別せずに、挨拶したりすればいいだけです。

西欧諸国で過激な思想に走ってしまう人の中には、亡命先の先進国でなじめなかった難民や、移民の人々がいます。日本でこういう人々をひとりでも減らすには、性善説かもしれませんが、日本人や日本社会のファンを増やす活動が必要でしょう。事実、「アパート近隣に、仕事前に缶コーヒーをくれるおばちゃんがいた。私は亡命先の日本で、このおばちゃんがいたから日本を好きになった」と証言する難民もいます。

日本人だけでは限界がある海外ビジネスの場面では、積極的に海外の人材を採用しているでしょう。難民の中にも、海外ビジネスのキーマンとなり得る人々がたくさんいます。もちろん難民といっても善良な人々ばかりでないでしょうから、人を見る目は養わなければなりません。しかし、日本のファンを増やす活動はビジネスに限らず、日本社会の地域レベルではじまっていることを忘れないでいただきたいのです。

33 日本での難民生活

ミャンマーは多数の民族が集まる国で、各民族がある程度まとまって行動するところがあります。日本にきたミャンマー人も、政治活動をするにも生活をするにも、同じ民族同士が集まって行動することがあるので、異国の地で苦労するもの同士の心の拠り所としても機能するのでしょう。

ところが、日本に亡命してきた難民全員が仲間に恵まれているわけではありません。ミャンマー人男性のウーティン（仮名）が日本で送った生活は、日本で暮らす難民たちの闇の部分であり、氷山の一角です。少し、彼の話をしましょう。


ウーティンは日本に亡命してきてからも、ミャンマーのための政治活動に没頭していました。ここで言う政治活動とは「ボランティア活動」で、政治家ではないため活動費や生活費を自身で賄わなければなりません。ウーティンもホテルの清掃などの仕事をしながら活動をしていましたが、どうしても政治活動が優先になり、生活費を得るための仕事がおろそかになって辞めてしまうことがありました。

こうしたとき、ミャンマー人仲間と親密であれば、仕事の紹介や生活のフォロー、政治活動のバックアップを依頼することができたと思うのですが、ウーティンは少々頑固な性格で、同じ民族の仲間たちと折り合いがよくなく、グループから疎遠でした。そのため、昔の仲間たちもウーティンのことは噂に聞く程度で、いつしかウーティンが病気になり、生活保護を受給していると耳にするようになりました。そして、親戚や配偶者のいない孤独なウーティンは、2015年の秋、東池袋の小さなアパートでひっそりと亡くなっているのが発見されたのです。

親交があったかつての仲間たちは、一緒に行動はせずとも同郷のウーティンの動向を気にかけていたようです。噂でも日本で何とか生活をしているとわかれば安心できたのですが、ある日を境に、「ウーティンとまったく連絡がとれない」と気付き、区の生活保護の担当者が変わり果てた姿のウーティンを発見しました。

このときすでに死後2週間が経過していたそうで、ウーティンの亡骸は日本の法に基づき、荼毘に付されることに。ミャンマー人は遺骨を取っておく習慣がないため、「遺骨を引き取る親族も仲間もいません。さらに、墓を建てることもしないため、「遺骨をどうする、国に返そうか」という話題も起きません。日本人の感覚では、少し寂しい死後のように感じるかもしれません。しかし、墓や遺骨の扱いが違うから、ミャンマー人の死に対する感情も希薄であるということではありません。

彼が住んでいたアパートを最後に訪ねてきたのは、同じ民族の仲間たちでした。疎遠ではあったものの、「嫌い」だったわけではないのでしょう。彼らは自分たちでお金を集めて僧侶を呼び、仲間であったウーティンを弔いました。弔いの場には、生き生きとした若い頃のウーティンの写真が飾られており、ひっそりと亡くなったウーティンの最期とはひどく対照的でした。

日本人の間でも、孤独死が問題になっています。東京はかつて、集団就職などで地方から大勢の若者がやってきました。その人たちも今では年をとり、一人暮らしのまま故郷に帰ることなく亡くなるケースが少なくありません。このような現象は、日本人だけの問題ではなく、在日外国人の間でも起こっています。母国や家族のために日本に出稼ぎに来て、祖国に帰れないまま孤独な最期を迎える。そして亡骸すら、母国に帰れないままという人も……。

日本は今後ますます、行政機関や学校、病院から葬儀場に至るまで、多文化対応を迫られるでしょう。そのためには、「日本をよく知る外国人」に頼らず、「外国人をよく知る日本人」を増やすことが必要です。

第2章 ミャンマー人とは「ミャンマー流」でビジネスをしよう

34 小さな企業から大企業に化ける可能性

先に触れたように、ミャンマーの大企業は少数です。2011年の民政移管をきっかけに、民間ビジネスのチャンスが政商以外にも巡ってきました。そこで、自らのビジネスを発展させようと、多くのミャンマー人が奮闘しており、2016年現在、中企業と呼べるところまで成長している会社も増えています。

大企業と中企業、そして小企業の経営者を比べると、IT親和性は中企業、大企業に勤めている人のほうが、小企業に勤める人よりもやや高めだと思われます。しかし、業務遂行能力や人間性については、あまり差がありません。日本では大企業に勤める人のほうが、とてもざっくりと表現すると事務遂行能力に長けています。しかしミャンマーではそうした違いはそこまで見られないのです。

逆に中小企業のオーナーで、これからどんどん企業を拡大する可能性を秘めている人もいます。彼らは、これまで軍事政権のコネがなかったから、中企業までしか会社を成長させることができませんでした。たとえば建築業界において今でも中企業として住宅開発などを行っている会社がありますが、住宅開発を正式に行うためのライセンスを得る機会がなく、事実上は地下開発者になっています。しかし、彼らが造っている家のクオリティにすべて問題があるわけではありません。

ミャンマーでは今のところ、ヤンゴン以外の場所では建築業登録をしていなくても、建築仕事ができます。地震大国である日本に住む日本人の感覚では、「免許なしで建築するなんてけしからん」と思うかもしれませんが、そもそもミャンマーでは免許について定められている、規則の施行自体がいい加減なところがあります。

法治国家への道を歩んでいる段階の国家に、法律をすべて守らせようとしても現時点では難しく、法律を遵守しないからすべてが悪いと言うには短絡的だと思われます。

この「地下開発者」の会社オーナーは、仕事上でできること、できないことをはっきりと明言する、ミャンマーでは珍しいタイプです。プライベートでも周囲から信頼を集めていますし、こういうミャンマー人と組めば、日本人も仕事をしやすいでしょう。しかし、日本企業の視点で見れば、取引相手は「地下開発者」です。多くの日本企業が、ビジネスパートナーの候補から外してしまうでしょう。

もしも日本人がミャンマー人と組んで仕事をしたいのであれば、日本企業同士のビジネスパートナー探しのように、相手企業の財力や企業力に重点を置くだけは物足りません。何度か記述していますが、ミャンマーでは「相手が人を騙さないか」、「お金に対してどういう観念をもっているか」、「社会で周囲から信頼されているか」を絶対に見極めなければなりません。莫大な資産を持っていても、周囲から信頼を得ていない人と手を組むのは、大変危険です。特に法治国家としての信頼が低い社会では、自分の身は自分で守らなければならないのです。だからこそ、お金だけで動かない、自分自身を信頼してくれる多くの友人や仲間が必要なのです。

これらのことを踏まえ、ミャンマーでビジネスパートナーを探すときは、今ある「大企業」だけに着目せず、中小企業にも着目してください。そして、人材を見極めてください。そこまで来たら、中小企業が大企業になれる道を模索してみませんか。

これからきっと、日本企業の経験や財力を生かして、大きく化けるミャンマー人企業家が出てきます。先の「地下開発者」のオーナーのように、ビジネススキルも高く、周囲からの信頼も厚い人材を「無免許だから」と手放すのは惜しい気がします。

現在の企業力を重視するか、今後の成長と企業を支える人を重視するか、慎重に考えてみてください。

35 ミャンマー人が日本で成功するために今必要なこと

日本人が海外で成功するためには、現地で友人をつくるように言ってきましたが、逆の立場でも同じことが言えます。日本で外国人が成功するためには、絶対に日本人の味方が必要です。

私の会社では、日本人の友人や知り合いを増やすきっかけを外国人に提供することを目的として、横浜市神奈川区の国際交流まつりに参加して、多くの在日ミャンマー人に参加してもらっています。ボランティアで外国人支援をしている日本人と、ボランティアの助けが必要かもしれない外国人が出会う場をつくるために、行政の行事に参加しているのです。

ミャンマー人をまとめて、集団で行動してもらうのは大変です。それぞれの自我が強く、主張やこだわりがあるからです。一見、そうは見えないのですが、付き合っているうちにいろいろなこだわりがあることが見えてきます。そこで私たちは、フェイスブックやユーチューブなどのインターネットを使い、国際交流まつりの協力を呼びかけました。

「ミャンマー伝統料理と歌のステージを、日本人の前で披露します。アーロン、アーページャーバー（みなさま、力をお貸しください）」

当社社長が、ミャンマー語と日本語でこう訴えた動画を制作して公開したところ、

3000人以上のミャンマー人が視聴し、観た人の一部が当社にジャンジャンと電話をかけてきました。この電話のなかで唯一、お怒りの電話がありました。これもまた、ミャンマー人のこだわりの一種かもしれません。

怒りの電話の主は、当社で通訳をやっているマウンマウンです。彼が怒った理由は、次のとおりです。

「動画見たよ、動画の社長の姿にがっかりしたよ！」

「……えぇっと、私何か悪いことしましたか？」

「社長の年齢知ってるでしょ？　45歳だよ、私より7歳も若い。それなのにあんな姿で動画に出たら、社長として格好悪いよ！」

決してだらしがない格好で撮影したわけではありません。いまいちマウンマウンの言うことが理解できない私は、どのような点が格好悪いのか聞いてみました。すると、マウンマウンはこう答えました。

「日本には安いカツラがたくさん売っているから、買ってあげなよ。部分カツラでもいい」

「……センザーメ（検討します）」

電話を切った後、当社の社長が薄毛で動画に出るのは、社長として印象がよくないと言いたいのだと、ようやく理解できました。マウンマウンに悪気はまったくないことも、理解しています。事実、彼はこう言いました。

「これからうちの社長は、私たち日本にいるミャンマー人がたどり着けなかった世界に出て行く。だから、きちんと身支度を整えるべきなんだ」と。日本では髪の毛がない社長はいくらでもいますし、ビジネス上で問題にはなりません。しかしミャンマー人の彼は、そうした日本の現状を知らないのでしょう。おそらく、自分で理想の「日本における社長像」を描き、当社社長の姿がイメージと異なっていたために電話をかけてきたのです。

これは、あるひとりのミャンマー人が抱く出世のイメージが、日本人が抱くイメージとは異なるという例です。

日本に限らず、どの社会でも経済的にビジネスを発展させたり、権力や影響力ひしめく場所に行き着くには、仕事の仕方や言葉遣いなど、その社会独自のルールに従わなければならない場面があります。日本の外国人労働者は、それを知る機会がほとんどありません。

もちろん、外国の権力のある場所までたどり着く必要がない人もいますが、日本も関わっているＯＤＡ事業で祖国のやり方に問題があることを、日本の政治家に訴えたい場合などに、その方法がわからないという外国人は多いのです。

書類を作り、政治家や霞が関の関係省庁にアポイントをとりつけようにも、日本では実際に、様々なコネが行使されています。正面切って面会を申し込むよりも、権力者にすり寄って面会機会を伺ったほうが得する場面がたくさんあります。極端な言い方をすれば、ブルーカラーからホワイトカラーの領域に飛び込むには、目に見えない決まりごとをたくさん守らねばならないのです。この目に見えない、あまり言葉になっていない決まりごとを外国人が理解するのは、非常に難しいようです。

日本で、外国人が母国と日本のためにビジネスを成功させるには、日本流ビジネスを習得する必要があります。企業などの組織的バックボーンを身に付ける、日本語の書類をきちんと整える、日本人の計画立った仕事の仕方に付き合う、やたらとキャンセルをしない、金銭の請求時は直接的な表現をしないで後払い制に従うなど、日本人としては当たり前のことを、ミャンマー人が日本で成功するためには、日本のビジネスシーンから学び、真似しなければならないのです。

東南アジア出身者は今のところ、日本で外貨を稼ぐアルバイトに没頭することで精一杯の人も多いのですが、今後は日本の大学卒業者も増えて、徐々に日本のやり方を習得した人が出てくるでしょう。

様々な国の人とともに、日本と世界の発展に貢献できたら、こんなにありがたいことはないと思うのです。

36 日本経済とこれから

「わざわざよそから来た人に、日本社会のファンになってもらうように努力する必要なんてない。来日したくて来日した人が自分で努力して、日本社会になじめばよい」と思う方もいるかもしれませんね。そんな方は、自分の周囲を見まわしてみてください。

外国人労働者なくして、高齢化と少子化が進んだ未来の労働力不足はどう解消するべきでしょうか。都心のコンビニエンスストアは、日本人労働者のみで24時間営業していけるでしょうか。日本人が24時間体制で稼働して生産を行う工場が人手不足だと聞いて、今よりも収入が減るかもしれませんが、転職を考えますか？

現状、そうした労働を補完してくれている人の多くは、外国人労働者たちです。

安倍晋三首相が言う「日本の高齢者と女性の活躍」だけで、労働者不足が解決するでしょうか。そもそも、日本の景気は回復したのでしょうか。

関東圏のある自動車工場のライン作業場では、20年以上も前から多くの外国人が雇われては、辞めていきます。車の組み立て作業でもっとも体力を使うラインでは、体の細い東南アジアの男性は、最終的に根をあげてしまうそうです。最後にその職場に残るのは、体格のよい南米系かアフリカ系の男性。こうした職場には日本人もいますが、体力を使うラインは外国人が多く、そこまで体力を使わなくてすむラインでは、日本人や女性が活躍するとのこと。

このような職場で働く外国人はこう言います。

「働けば働くだけ金が入るから、つらくてもこの仕事をする。だけど小さい頃から衣食住足りる生活をしている今の日本人が、僕たちほどハングリーになれるかな」

すでに日本社会は、外国の人々に社会の労働力を担ってもらいはじめています。そこで、彼らとスムーズに生きていく術を、日本人が積極的に身に付ける必要性が出てきているのです。そして今後は少子高齢化で国内消費がしぼむため、若者の人口が多く、消費が増加する発展途上国に進出していかなければ、経済力を保てなくなります。日本が経済力という名義で世界でのプレゼンスを保っている場面は多いです。しかし経済力を保つには、若くてたくさんの労働人口が求められます。なおかつ、海外進出には海外に精通した人材も必要です。

この2つの人材問題を解決するには、日本社会がどれだけ外国人をうまく活用するかにかかってくるでしょう。

外国人技能実習制度は、短期間の「実習」という名目で日本で労働し、帰国してもらう制度です。技能実習生制度自体を「研修・実習」とおためごかしをするのは限界が来ていますが、移民政策をまったく議論の俎上《そじょう》に載せない日本では、技能実習生以外に単純労働や３Ｋ労働を外国人に担ってもらう手段がありません。あとは日本人の配偶者だけです。

技能実習でもない、研究者など高度技能を持つ人材でもない両者の中間にいる、有能な人材を見極められた場合、その後は日本でどうやって活躍してもらうかが課題です。

私はミャンマー人難民と日本で会社を立ち上げて経済活動をしていますが、日本には外国人に理解できない法律や制度が多々あります。日本社会のキモは、日本で育った人間でないと理解できないようにできているのです。ですから今のところ、日本にいる外国人は日本人と組んでビジネスをしなければならないでしょう。そこで日本が、様々な国の人々にとってビジネスしやすい場所になれば、起業する外国人も増えるはずです。しかし今の状態では、外国人は起業しにくく、活躍しにくいのです。日本が、国籍を問わずやる気のある人が活躍できる社会であってほしいと思います。

最初の話題に戻しますが、日本にいる外国人に、ビジネスのやり方を日本流にすべて合わせてもらうことが、そんなに大事でしょうか？　日本流にビジネス書類を揃えられなくても、会社を経営して、ビジネスを行うことはできます。日本人には思いつかないビジネスアイデアを出すことも可能です。

彼らの活躍を阻むのは、日本語の読解、筆記という言語の壁と、日本語ですべてを行わなければならない商習慣です。日本人が、彼らのサポート役を務める労働形式があってもよいのです。

外国人の活躍は、日本経済回復のキモの一つになるかもしれません。ただし、日本で外国人に活躍してもらうには、日本人が外国人とうまく向き合い付き合うことです。このふたつはセットで考えなければならないのです。

ミャンマーの縫製工場。300人強の工員が日本、EU、韓国などの企業から依頼された縫製品をつくっている。
〈撮影：TUN AUNG KHIN〉

第3章 日本が率先して異文化コミュニケーションを展開するための心構え

37 日本人が育むべき「想像力」

明治時代から戦前にかけて、北アメリカ、中南米、東南アジア、「満州」などへ、移民として豊かな生活を求めて渡った日本人が大勢いました。現在の日本は経済が発展し、治安もよいことから外国人が「出稼ぎに来る」国ですが、１００年前は日本人が欧米諸国や東南アジアに「出稼ぎに行っていた」のです。

当時の様子として、このような記述があります。

「（前略）アメリカへの日本人移民の流れは、やがて日米の外交問題となり、〝日米移民摩擦〟に発展するのである。『日本人労働者は学生と称し、または無資力の商人として入国し、ただちに労働者となるものが多い』―中略― 一九〇七年～〇八年の移民制限に関する「日米紳士協約」が成立するようになると、アメリカへの「密航者」も見られた。―中略― 三つの方法がとられている。①漁船（中略）による太平洋横断、②船員手帳を闇ルートで入手、寄港地で脱船、③外航船と結託した斡旋人に依頼し船内に潜伏する方法、である。一九二〇年一月の駐サンフランシスコの太田総領事も、不正入国者数は「八～九〇〇〇人ないし一万人」と報告している。」（引用 田中宏『在日外国人 新版――法の壁、心の溝』1995年、岩波新書）

つまり学生として来た外国人である日本人が、労働者としてアメリカで働く様子や、海からアメリカへ密入国する様子が描かれています。これは、たった100年前の日本の様子なのですが、現代のミャンマー人が日本へ入国するときと似ていて驚きました。

ミャンマー人の多くが外貨獲得の手段のひとつとして、船員になることを選びます。

船員になるにも、ブローカー経由で船員としての資格を得ます。ここで現代日本における、とあるミャンマー人の移民を紹介しましょう。

彼は船舶に乗り込み、船員として航海を続けていました。そして、日本の寄港地が近づいてくると、パスポートや荷物は船舶の中に置いたまま、海に飛び込みました。そして日本の陸地まで泳ぎつくと、公衆電話から日本で暮らすミャンマー人の知人に電話をして、何とか知人宅に向かったのです。それから間もなく、彼は都市部の３Ｋ労働現場で働きはじめます。

彼はミャンマーの貧しい地方の出身でした。そこではたいした金銭を稼げません。貧しい地方における都市に出ても、とても満足に家族を養えません。一家の稼ぎ頭として多くの外貨を稼ぎたい、日本で働きたいと思っていました。けれども、日本に行くチャンスがやってこないため、彼は強硬手段に出たのです。

彼以外にも、労働意欲は高いのに、外国へ出稼ぎに行くチャンスに恵まれない人がたくさんいます。そうなると、彼のように命がけで、自分の人生と家族の未来を切り開くしかないのです。

現在、彼は奨学金で日本の大学を卒業して、日本のＩＴ企業の社員として働いています。彼を単なる「不法労働者だった外国人」と表現するのは、想像力が足りないかもしれません。まず、日本で「不法就労者」の肩書きを得るまでに、大変な努力をしてきました。そして、そうせざるを得ない、それぞれの「国の事情」があります。

とはいえ、私は不法就労者の入国に賛同しているわけではありません。日本の外国人政策の不在は憂うべきですが、治安対策のために入国者を細かくチェックする法務省のやり方には大方賛成です。

ここで私が言いたいことは、「ビザのない不法就労者」をすべてひとくくりにして、法を犯す「犯罪者、犯罪予備軍」として判断すべきではないということです。致し方のない背景を持っている人も存在していて、そうした人たちの生き方を想像する作業も必要なのではないでしょうか。

ちなみに、ビザがなく外国人収容所に収容された別のミャンマー人が、法務省入国管理局職員とこんなやりとりをしたそうです。

「日本の滞在ビザがないじゃないか」

「はい。確かに私はビザを持っていないミャンマー人です。でも70年ほど前、ビザなしでビルマ（ミャンマー）に侵攻してきたのは、どこの国の軍隊でしたっけ？　私は武力を持って日本に来たのではなく、ただ稼ぎに来ただけです」

38　雇用者側は人を見極める力を養うべき

日本で外国人を雇用する場合も、海外で外国人を雇用する場合も、採用の際に人を見極めるべきなのは当然です。たとえば日本で「研修」する外国人技能実習生を海外で面接する場合、人任せにせず、自ら海外に行って面接している日本人はたくさんいます。加えて、受け入れ側は、技能実習生が日本で逃亡しないよう、様々な手はずを現地のエージェントとともに整えています。

それでも逃亡者は出ます。技能実習生の逃亡理由の一部については第1部第1章で綴っていますが、日本人が考える「様々な手はず」では逃亡を止められないのです。

そこで、技能実習生の実家の家屋敷を担保にして、実習先で逃亡したら実家を取り上げるという約束のもと、日本にやってくる技能実習生も珍しくありません。しかし家の担保くらいでは、生活水準を上げたいという彼らの希望を捨てるのに十分ではありません。

家を担保にする以外に、逃亡をある程度抑える方法はあります。ミャンマー人の専門家で、ぜったいに日本の雇用者の味方になる人をつけるのも、その方法のひとつです。

しかし、根本的に「実習先」で労働してもらう際の上司に当たる日本人が、技能実習生が生きてきた社会と、その人となりを理解することも大事です。現地のエージェントや現地に詳しい専門家の話を聞きながら、よりよい方法を見出していってください。


外国人の出入国を管理するのは日本政府の仕事ですが、外国人を雇用しようと決めるのは、日本人一人ひとりです。現在はテロの心配もあり、外国人を雇用するうえで、危機管理と相互理解を同時並行で進めなければなりません。こうした課題に向かって、一歩ずつ進んでいけばいいと思います。異文化の人と異文化社会を見て学び、理解に努めることが当たり前のように必要とされる日本社会が、もうここに来ているのですから。

39 移民政策を考える

移民政策は欧米諸国ほか、様々な国で研究されています。経済、雇用、学術的イノベーション、一人当たりＧＤＰ、社会保障費への影響など細かい項目で、移民が与える影響を調べているのです。

「移民」と一言で言っても、学術的な才能のある移民と、経済的に不安定な祖国から脱出してきた学歴のない移民では、受け入れ国に与えるインパクトが、前述の各項目で異なります。移民政策でだいたい共通する意見は、高度技術を持つ人材、たとえばＩＴ専門家や大学教授などの受け入れは、その国にイノベーションをもたらすというものです。ただし教育をあまり受けていない移民であっても、受け入れ国の各地域や、受け入れのタイミングによってよい影響が出たり、受け入れない場合とあまり変わらなかったり、結果はまちまちです。

日本も２０１２年より、高度外国人材の受け入れ制度を開始しました。この制度は、

「高度人材外国人の活動内容を、『高度学術研究活動』『高度専門・技術活動』『高度経営・管理活動』の3つに分類し、それぞれの特性に応じて、『学歴』『職歴』『年収』などの項目ごとにポイントを設け、ポイントの合計が一定点数（70点）に達した場合に、出入国管理上の優遇措置を与えることにより、高度人材外国人の我が国への受入れ促進を図ることを目的」としています（抜粋・法務省入国管理局ＨＰ http://www.immi-moj.go.jp/newimmiact_3/system/index.html）。

２０１５年６月、日本における高度外国人材は５５７人です。この制度のキモは、日本がほしがる高度な技術を持つ外国人が、日本に住みたがるかです。

日本語はほかの言語に比べて汎用性が低く、日本は多様な文化を背景に持つ人を受け入れる職場もそこまで多くありません。よって、高度外国人材にとって日本が人気の場所か、はなはだ疑問です。また高度外国人材は世界各国で門戸が開かれており、日本語より自分の母国語と近い国や、日本企業や法人より給与水準の高い、他国の企業に行く人もいるでしょう。

自分の財産がほとんどなきにひとしい難民キャンプの難民ですら、「日本に行くよりオーストラリアやアメリカに行きたい」と言うのが現状です。高度外国人材と難民の、日本より他国を志向する理由はかなり異なりますが、共通しているのは「異文化の人々への受け入れ体制が未整備」ということです。日本政府が外国人を受け入れたいと言っても、その国の地方自治体、企業など組織、地域社会、国民の意識レベルで、準備ができていないのです。

この高度外国人材の概念自体は賛成ですし、やみくもにすべて希望する入国者を日本に滞在させるべきだとは思いません。安全管理や危機管理を徹底したうえで、互いの文化を尊重し合う考え方が、日本社会で成熟するようにしていくことが大事です。ただし、繰り返しになりますが、日本は旅行地としてそこそこ人気かもしれませんが、日本が求める人材から、仕事場所として、住む場所としてモテているわけではないのです。

タイとミャンマー国境の難民キャンプでも、「日本定住は苦労がつきまとう」と評判が広がり、日本政府が受け入れ枠を一定数用意しても、枠が埋まらないこともあるのです。自分たちが移民政策をとるべきか、移民という概念を黙殺し続けるべきか考える前に、この現実は知っておいたほうがいいかもしれません。

40 双方の歩み寄りが未来を開く

これまで、日本人が海外に進出する際の留意点や、日本が外国人を受け入れて共に発展に尽くすための方法などを書いてきました。結論は、「外国人の出身国や社会、外国人の気質をよく理解すること」に尽きます。そして楽しみながら、異文化の人々と交流し、一緒に仕事してほしいのです。

日本の教育現場で、外国人二世の子どもたちが日本の学校になじめず、公立学校の普通科から夜間学校や特別支援学校に転校・入学する様子を見てきました。親の都合で日本に来た外国籍の子どもたちに、罪はありません。

ミャンマー難民の子どもにも、こうした経験をする人々がいます。ミャンマーでエリート技術者だった民主化活動家が、軍事政権下に弾圧を恐れて日本に亡命してきました。来日後、何年も難民認定されませんでしたから、日本の正式なビザが出ず、家族を呼び寄せることができませんでした。ようやく難民認定されて日本で家族と一緒に住めるようになったのに、子どもたちは学校でいじめにあい、転校せざるを得ませんでした。

こうした子どもたちは、母国語もできて日本語もできます。将来、必ず日本のために力になれる人材です。学校にいる日本人の理解不足によって、こうした人材の才能を伸ばす機会を奪ってはいけないと、強く思います。彼らの力を伸ばすのは、周囲にいる日本人の理解と姿勢次第です。

私の異文化交流の原点は、10代の頃の、横浜中華街に住む華僑四世の方々との付き合いです。その家族の人は、技術か学歴がなければ、日本社会で生きていけないという考え方を持っていました。何とせっぱつまった考え方だろうと当時は思いました。あれから20年近く経ちましたが、この国の異文化交流の様子は変わったでしょうか？

外国籍や外国につながる子どもたちが日本でどう過ごすかは、この国の異文化受容の度合いを示すひとつの物差しです。親の考え方を、子が学校で実践するからです。日本人と、日本人と関わる外国人、双方の歩み寄りが日本の未来を開きます。多様性を受け入れる土壌を一人ひとりの心に養うことこそ、国民の精神を強くすることにつ

神奈川県横浜市神奈川区の国際交流まつりに集まった在日ミャンマー人たち。左から２番目が著者。

ながると思うからです。

国民の精神力こそ、「国力」の根幹です。特に海外ビジネスで勝ち抜くには、杓子定規で測りきれない事態にいつも対処する精神力が必要です。ノウハウも大事ですが、なんだかんだ言って、海外でいざというとき頼りになるのは、「ぜったいに負けないで頑張る」と踏ん張りきる精神力だったりするからです。日本と日本人が国際社会で第一線に立ち続けるために、日本で多様性を受け入れる努力をすることが有効だと思います。

あとがき

　ミャンマーに行くと、わからないことだらけで、苦労ばかりしていました。不当なことを言ってくる入国管理官に反抗すると「あんたのミャンマー人の義理の父親を逮捕できる」と言われたりします。その発想は何なんだ？　と考える前に、「うわー、この日本人は大変なことをやらかして！」と、私の周囲のミャンマー人は火消し対策に追われるのです。

　こうした私の経験を踏まえて、この本を書きました。読者のみなさんがミャンマーという不思議な国でビジネスする際、また、海外ビジネスを行うに当たって、この本が役立てば幸いです。

　執筆に当たって、日本、ミャンマー、アメリカ、オーストラリア、タイ、インド、ドイツにいる家族や友人からのご協力をいただきました。本当にありがとうございました。
　この本の企画を見て「ウチから本を出しましょう」とおっしゃってくださった、合同フォレスト株式会社編集部の皆様に最大の感謝を捧げます。そして名出版マネージャーとして本制作から執筆まで支えてくださった松本希利子様、多大なご支援をいただきました橋本梓様に、心より感謝を申し上げます。

　最後に、この本をＵ　ＺＡＷ　ＭＩＮ　ＫＨＡＩＮＧの双子の息子さんに捧げます。あなたたちの未来は明るい。日本社会で努力し続けてください。きっと日本とミャンマーの間で活躍できる、すばらしい人材になれると確信しています。

Dear U Zaw Min Khaing's twins,
　I dedicate this book to twin son's of U ZAW MIN KHAING. The future of you guys is bright. Please continue to make efforts in Japanese society. I am sure you two will become great human resources between Japan and Myanmar.

Special Thanks

六本木ライタースクールの皆様、立教大学文学部心理学科99年度入学の友人たち、U Zaw Min Khaing, Ko Mai Kyaw Oo, Ko Myint Aung, Ma Kyi Kyi Nwe, Many members of Rakhine, Karen and other Burmese ethnic minority communities in Japan, Ma Khin Sandar, Ma Aye Hla, PAPA, 'Thammy' Khin Moemoe Kha（キン百華）, Aung Tun（安惇）and Tun Aung Khin.

❖ミャンマー（ビルマ）年表

1044年	パガン朝の祖、アノーラター王即位（ビルマ族）
1287年	ハンターワディ王国誕生（モン族）
1299年	パガン朝滅亡
1369年	ハンターワディ王国、バゴーに遷都
1430年	アラカンでミャーウー王朝成立（～1785年、アラカン族）
1531年	タウングー朝（～1599年、ビルマ族）
1539年	ハンターワディ王国滅亡
1740年	ハンターワディ王国復活
1752年	コンバウン朝興る（～1885年、ビルマ族）
1784年	コンバウン朝のボウドーパヤー王、アラカン王国を征服
1824年	第一次英緬戦争（～1826年）ビルマはアラカンとテナセリムを失う
1852年	第二次英緬戦争、下ビルマ全域が英領となる
1885年	第三次英緬戦争、コンバウン朝滅亡

1886年	ビルマ全土が英領インド帝国の一州になる
1937年	英領インド帝国から独立し、英領ビルマとなる
1940年	鈴木敬司・日本陸軍大佐ラングーン（今のヤンゴン）で諜報活動開始
1941年	後のビルマ独立の「30人の志士」を日本軍が海南島で軍事訓練。日本軍、ビルマ侵攻開始
1943年	日本がビルマに「独立」認める
1945年	抗日武装蜂起、日本がポツダム宣言受諾。英領ビルマに戻る
1947年	英国からビルマに主権移譲するアウンサン・アトリー協定調印。パンロン会議で少数民族代表とビルマ族が協定締結。独立の志士アウンサン（アウンサンスーチーの父）暗殺される
1948年	「ビルマ連邦」として完全独立
1949年	カレン族組織KNUが反政府武装闘争に入る
1955年	日緬平和条約、日緬賠償・経済協力協定発効
1958年	国軍の政治介入が始まる
1962年	国軍クーデターで革命評議会発足、ビルマ社会主義計画党（BSPP）結成

1964年	BSPP以外の政党に解党命令
1974年	国名を「ビルマ連邦社会主義共和国」に変更。社会主義に基づく新憲法発布
1988年	学生中心の大規模反政府デモ発生、全国規模の民主化活動に発展。大統領、BSPP議長辞任。国軍、民主化運動を弾圧し、国家法秩序回復評議会（SLORC）設置、軍事政権を開始。国民民主連盟（NLD）結成、アウンサンスーチー、NLD書記長就任
1989年	英語の国名を「ビルマ」から「ミャンマー」に変更。アウンサンスーチー自宅軟禁
1990年	総選挙、NLD圧勝も軍政が政権移譲拒否
1992年	タンシュエがSLORC議長に就任
1995年	アウンサンスーチー、自宅軟禁から解放
1997年	アメリカ、ビルマ制裁開始。SLORCを国家平和開発評議会（SPDC）に名称変更
2000年	アウンサンスーチー再び自宅軟禁
2002年	アウンサンスーチー自宅軟禁から解放
2003年	軍政、民主化ロードマップ発表、アウンサンスーチー三度目の自宅軟禁
2007年	僧侶を中心とした反政府デモ「サフラン革命」発生。同取材中にジャーナリスト長井健司氏射殺される

2008年	サイクロン被災。軍政が新憲法承認の国民投票を行う
2009年	アウンサンスーチー三度目の軟禁解除前に起訴、有罪判決受け四度目の自宅軟禁
2010年	総選挙実施、軍政系の連邦団結発展党（USDP）圧勝。選挙後、アウンサンスーチー自宅軟禁から解放
2011年	上下両院の連邦議会召集。軍事政権解散。テインセインが大統領就任し、新政府発足。第一回政治犯恩赦。NLD政党登録
2012年	第二回政治犯恩赦。補欠選挙でアウンサンスーチーが下院議員当選。オバマ米大統領ミャンマー訪問
2013年	安倍晋三日本国首相ミャンマー訪問
2014年	ミャンマー、ASEAN議長国就任
2015年	総選挙実施。NLD圧勝、USDP議席数を大幅に落とす。SNLD（シャン族政党）、ANP（アラカン族政党）が上下両院総計二ケタの議席数獲得
2016年	NLDティンチョウ氏、大統領として選出される

《参考文献》（著者の五十音順）

池上彰、佐藤優『大世界史　現代を生きぬく最強の教科書』２０１５年、文春新書

宇田有三『観光コースでないミャンマー（ビルマ）』２０１５年、高文研

宇田有三『閉ざされた国ビルマ―カレン民族闘争と民主化闘争の現場をあるく』２０１０年、高文研

大野徹、桐生稔、斎藤照子『ビルマ　その社会と価値観』１９７５年、現代アジア出版会

田中宏『在日外国人　新版　法の壁、心の溝』１９９５年、岩波新書

田辺寿夫『ビルマ「発展」のなかの人びと』１９９６年、岩波新書

グローバルインフォメーションネットワーク総合研究所・寺島実郎事務所『寺島実郎の時代認識と提言資料集　２０１５年夏号改定版』２０１５年

根本敬『物語　ビルマの歴史　王朝時代から現代まで』２０１４年、中公新書

西水美恵子『国をつくるという仕事』２００９年、英治出版

ビルマ連邦連合政府（ＮＣＧＵＢ）編、田辺寿夫監修、ビルマ国際議連・日本（ＰＤ Ｂｕｒｍａ－Ｊａｐａｎ）、菅原秀、箱田徹訳『ビルマの人権（世界人権問題叢書）』１９９９年、明石書店

山口洋一『歴史物語ミャンマー　独立自尊の意気盛んな自由で平等の国』上・下巻　２０１１年、カナリア書房

吉岡逸夫著、熊切拓解説『ミャンマー難民キャンプ潜入記』２００８年、出版メディアパル

レイ・タン・コイ著、石澤良昭訳『東南アジア史（増補新版）』２０００年、白水社

《参考ウェブサイト》

●法務省入国管理局ウェブサイト
（http://www.moj.go.jp/nyuukokukanri/kouhou/nyukan_index.html）

●独立行政法人経済産業研究所ウェブサイト
『ノンテクニカルサマリー　人口減少下における望ましい移民政策―外国人受け入れの経済分析をふまえての考察―』
（http://www.rieti.go.jp/jp/publications/nts/14j018.html）

●国連難民高等弁務官事務所ウェブサイト
『数字で見る難民情勢（２０１４年）』
（http://www.unhcr.or.jp/html/ref-unhcr/statistics/index-2015.html）

著者夫妻近影。

■著者プロフィール

深山沙衣子（みやま・さえこ）

日本ミャンマー支援機構（ミャンマー人の夫とともに創設）日本人アドバイザー。


1979年東京都生まれ。神奈川県で育つ。

立教大学文学部心理学科卒業。

大学卒業後、マレーシアの国営企業日本支社で勤務。その後広告代理店、出版社勤務を経て、フリーライターになる。

2011年、ミャンマー人の難民として日本に来た男性（当時40歳）と結婚。

2012年4月に日本ミャンマー支援機構を起業。ミャンマー人の日本におけるトータルサポート（就職・留学・法的手続き・書類作成・仕事紹介・住居紹介・観光案内）、日本企業や日本の行政機関のミャンマー進出及びサービス提供を行う。現在までに、日本・ミャンマー・韓国・シンガポール企業などのサポートにおいて、300社の実績がある。

会社ＨＰ　http://www.japan-myanmar.com/
（お問い合わせ）info@japan-myanmar.com
TEL　045-567-5858

出版プロデュース　株式会社天才工場 吉田 浩
編集協力　松本希利子
組　　版　GALLAP
装　　幀　株式会社クリエイティブ・コンセプト

ミャンマーに学ぶ海外ビジネス40のルール
――善人過ぎず、したたかに、そして誠実に

2016年4月30日　第1刷発行

著　者　深山沙衣子
発行者　山中　洋二
発行所　合同フォレスト株式会社
郵便番号 101-0051
東京都千代田区神田神保町 1-44
電話 03（3291）5200　FAX 03（3294）3509
振替 00180-9-65422
ホームページ http://www.godo-shuppan.co.jp/forest
発売元　合同出版株式会社
郵便番号 101-0051
東京都千代田区神田神保町 1-44
電話 03（3294）3506　FAX 03（3294）3509
印刷・製本　新灯印刷株式会社

■刊行図書リストを無料進呈いたします。
■落丁・乱丁の際はお取り換えいたします。

ISBN 978-4-7726-6063-1　NDC360　188×130